Clara Vogelsang ist das Pseudonym einer im süddeutschen Raum lebenden Archäologin. Sie wurde in Hamburg geboren, die Wurzeln ihrer Familie liegen aber in Oberbayern.
Auch über der Erde sucht sie nach den Spuren des menschlichen Lebens.

Clara Vogelsang

Lebensbilder

Eine Auseinandersetzung mit der gelebten Zeit

1. Auflage 2017

Autor: Clara Vogelsang
Fotos: © Clara Vogelsang
Umschlaggestaltung, Illustration: tao.de

Printed in Germany

Verlag: tao.de in J. Kamphausen Mediengruppe GmbH, Bielefeld,
www.tao.de, E-Mail: info@tao.de

Bibliografische Information der Deutschen Nationalbibliothek:
Die Deutsche Nationalbibliothek verzeichnet diese Publikation in der Deutschen Nationalbibliografie; detaillierte bibliografische Daten sind im Internet über http://dnb.d-nb.de abrufbar.

ISBN Hardcover: 978-3-96051-682-8
ISBN Paperback: 978-3-96051-681-1
ISBN E-Book: 978-3-96051-683-5

Inhaltsverzeichnis

Vorwort

Die folgenden sechsundachtzig Miniaturen sind Momentaufnahmen. Sie basieren auf wahren Begebenheiten oder sind Reflexionen über gesellschaftliche Phänomene.

Unser Dasein birgt eine Fülle von Erfahrungen und Emotionen, die ich als Auslese in der vorliegenden Sammlung festgehalten habe. Sehr unterschiedliche Menschen erzählen hier ihre Erinnerungen.

Jedem einzelnen „Lebensbild" ist ein Lichtbild vorangestellt, das die Stimmung des jeweiligen Textes einfängt. Alle Aufnahmen wurden von mir selbst gemacht. Sie entstanden zumeist auf Erkundungen des bayerischen Oberlandes und beim Bergsteigen in den Alpen.

Hamburg, im März 2017

I. Glück

Die Liebe eines Sommers

Glücklich liefen sie Hand in Hand über die üppige Blumenwiese. Die junge Frau sog tief die würzige Luft ein. Dieser Duft würde sie zeitlebens begleiten – die Erinnerung an einen geliebten Menschen inmitten eines unbeschwerten Sommers.

Der Sommer war noch nicht zu Ende, da wurde Hans eingezogen. Das Paar hatte kaum Zeit, Abschied zu nehmen. Fortan waren Feldpostbriefe die Garanten ihrer Liebe. Eines Tages blieben seine Briefe aus. Ihre Liebe war in der realen Welt zu Ende.

Inge kam als Sudetendeutsche in ein tschechisches Internierungslager. Sie besaß nur das, was sie am eigenen Leib trug. Da sie gebildet und gutaussehend war, erhielt sie eine Arbeit bei einem einflussreichen Geschäftsmann. Dank seiner Kontakte konnte sie noch einmal ihr früheres Zuhause besuchen. Sie fand das Haus bis auf eine Kommode leer. Doch beim Anblick der Ablage stockte ihr der Atem – es waren die Feldpostbriefe ihres geliebten Hans.

Mit einem Flüchtlingsstrom gelangte sie nach Süddeutschland, wo sie auf weitere Sudetendeutsche traf. Darunter befand sich einer, den sie kurz darauf heiratete. Die russische Kriegsgefangenschaft hatte seine Gesundheit ruiniert, wodurch er zeugungsunfähig war.

Bis zur Leiterin einer Behörde hatte sie es mittlerweile gebracht und war damit zu jener Zeit eine Ausnahmeerscheinung in der männerdominierten Arbeitswelt. Ihr Ehemann hatte eine florierende Zahnarztpraxis. An Geld mangelte es ihnen daher nicht; die innige Liebe fehlte. Ihr Ehemann starb, und sie zog in eine andere Stadt.

Ich hatte einen anstrengenden Arbeitstag gehabt. Müde stieg ich die Stufen zu meiner Wohnung empor. Plötzlich öffnete sich die Tür, und die alte Dame, die unter mir wohnte, lud mich zu sich ein. Als ich die Tränen in ihren Augen sah, vertröstete ich meinen hungrigen Magen. Die starke Gefühlsregung dieser sonst so stoischen Frau überraschte mich.

Der Anruf einer Familie hatte sie aus der Fassung gebracht. Der Neffe ihres im Krieg gefallenen Hans sei beim Durchsehen des väterlichen Nachlasses auf Inges Briefe gestoßen. Jetzt hatte sich dieser auf die Suche nach des Onkels großer Liebe gemacht.

Tief vergrabene Erinnerungen erreichten wieder das Bewusstsein. Plötzlich roch sie den Duft des unvergesslichen Sommers.

Die Dame war mittlerweile fast neunzig Jahre alt. Sie erzählte von ihrem kurzen Glück und zeigte mir mit zittrigen Händen seine Feldpostbriefe. Die Schrift der ersten Briefe war schwungvoll und spiegelte Hoffnung wider, die Sprache poetisch und voller Zärtlichkeit. Sie zeugten von einer verklärten Liebe, auf die noch kein Schatten gefallen war. Diese Briefe waren voller Metaphern, die ich mit den alten Dichtern verband. Vielleicht war es gerade jene blumige Ausdrucksweise eines Todgeweihten, die mich so berührte.

Die späteren Briefe stammten indessen aus einer unruhigen Hand. Nun hatte die Hoffnung der Ernüchterung Platz gemacht. Anstelle von Liebesschwüren schrieb er jetzt über den unbarmherzigen Krieg.

Das Museum für Kommunikation in Berlin bewahrt eine gewisse Zahl der auf dreißig bis vierzig Milliarden geschätzten deutschen Feldpost-Sendungen des Zweiten Weltkriegs auf. Die Auswertung dieses wichtigsten Kommunikationsmediums zwischen den Soldaten an der Front und ihren Angehörigen in der Heimat ergab, dass siebzig Prozent der Feldpostbriefe dieses Museums von gefallenen oder vermissten Soldaten verfasst wurden. Berücksichtigt man dabei, dass der Anteil der nicht mehr aus dem Krieg zurückgekehrten deutschen Soldaten bei dreißig Prozent lag, wird deutlich: Der während des Krieges Verstorbene war von größerer emotionaler Bedeutung als der Heimkehrer, dessen Briefe man eher geneigt war, irgendwann einmal wegzuwerfen.

Auch in Inges Herzen hatte kein Mann jemals den Platz ihres verstorbenen Hans einnehmen können. Alles was ihr von ihm blieb, waren seine Feldpostbriefe und der Duft des einen Sommers.

Als die alte Dame ihre Erzählung beendet hatte, strich sie liebevoll über die Briefe und faltete sie anschließend zusammen. Ich aber verabschiedete mich und setzte meinen Weg nach oben fort.

Im Kaufrausch

Sommer Sale - Winter Sale - immer Sale.

Es lebe das weltweite Netz - vierundzwanzig Stunden Schnäppchenjagd ganz bequem von zu Hause aus! Die Medien sprechen in Deutschland von zweieinhalb Millionen suchtgefährdeten Internetnutzern und vier Millionen Kaufsüchtigen. Das müssen wohl die anderen sein.

Beim *Scrollen* durch die Webseiten bin ich gänzlich in meinem Metier. All die *Must-have-* und *It-Pieces* sind zum Greifen nahe, und sie kosten fast gar nichts. Mein Pulsschlag wird schneller. Dann der erlösende *Click* - ich habe den begehrten Artikel in meinen Warenkorb katapultiert. Auch wenn ich feststellen muss, dass sein Preis für die Reduzierung künstlich angehoben wurde. Aber was soll's - wir alle haben unsere Fehler. Als Dankeschön für meine Treue erhalte ich einen Gutschein in einer bestimmten Höhe. Den kann ich allerdings erst ab einer festgelegten Kaufsumme einlösen. Also, auf zur Webseite und die geeigneten Artikel dafür suchen.

Katerstimmung stellt sich erst bei der Kreditkartenabrechnung ein. Ein schlechtes Gewissen habe ich nicht, denn meine abgelegten Kleider erhält das Rote Kreuz. So kommen Bedürftige in den Genuss einer fast neuwertigen Garderobe.

Nachts überlege ich, wie ich potentielle Teile zu einem *Outfit* kombiniere. Aber das ist immer noch besser, als über tief liegende Beziehungsprobleme zu meditieren.

In meinen ruhigen Momenten gestehe ich mir ein, dass auch ich dem Diderot-Effekt erlegen bin: Als man Monsieur Diderot eine prächtige Robe schenkte, musste dieser leider feststellen, dass seine Einrichtung nicht zur Robe passte. Nun legte er alles daran, seine Einrichtung der neuen Robe anzugleichen. So geht es mir mit meinen exquisiten Teilen.

Jetzt sitze ich alleine am Computer und erinnere mich wehmütig an vergangene Zeiten, in denen ich fröhlich mit Freundinnen die Geschäfte nach schicken Sachen durchstöberte.

Ob ich den Mädels meine neuste Beute *posten* soll? Vielleicht erhalte ich ja ein „*geliked*“ oder sogar ein „geteilt“!

In den Auen

Der Tag ist klar und warm. Jetzt heißt es: Laufschuhe anziehen und ab in die Natur! Ein vielstimmiges Konzert aufgeweckter Vögel begleitet mich entlang des rauschenden Flusses.

Ab und an werfe ich einen kurzen Blick auf das Alpenpanorama, dann konzentriere ich mich wieder auf den Weg. Wenn ich in Gedanken versinke und langsamer werde, mahnt die elektronische Begleitung effizient zur Schnelle. Meine Augen orientieren sich an markanten Punkten in der Landschaft.

Ein intensives Körpergefühl stellt sich ein, während ich mich rhythmisch vorwärtsbewege. Ich spüre den Schweiß auf meiner Haut, die Kühlung wurde bereits aktiviert. Mein Brustkorb hebt und senkt sich beim Atmen, derweil Zellen und Gewebe mit Sauerstoff versorgt werden.

Mein Laufpensum habe ich schließlich geschafft, und die Glückshormone zeigen ihre Wirkung.

Mir wird bewusst: Durchhalten und das Ziel erreichen, ist eine passende Übung fürs Leben.

Ein Sommer in Tunesien

Als Stephanie den Unterrichtsraum in Tunis betrat, sah sie nur ihn. Er war schlank und groß gewachsen, bronzefarbene Korkenzieherlocken schmückten sein Haupt. Beim Anblick dieses Mannes dachte Stephanie an eine antike griechische Skulptur, die sie einmal im Museum gesehen hatte. Er hieß John und kam aus New York. Nach dem Unterricht verbrachte Stephanie die Zeit mit anderen Sprachstudenten. John wurde ein Mitglied ihrer Gruppe. Beide spürten eine starke gegenseitige Anziehungskraft. Berücksichtigt man weiterhin die betörende Ausstrahlung des Gastgeberlandes, ist leicht nachzuvollziehen, dass sich schließlich eine leidenschaftliche Affäre daraus entwickelte.

Einige Zeit nach ihrer Rückkehr rief John sie unverhofft an. Er habe Amerika den Rücken gekehrt und würde morgen in Frankfurt landen. Bei dieser Nachricht verdunkelte sich Stephanies Gesicht. Die Leidenschaft eines tunesischen Sommers würde in Deutschland nicht zur Liebe erblühen.

Keine optische Täuschung

Das Gehirn spielt uns oftmals einen Streich. Wir glauben uns an Ereignisse zu erinnern, die derart nicht stattgefunden haben. Andererseits kann das Gehirn ein von unseren Augen übermitteltes Bild als widersinnig einstufen, da es in unseren Erinnerungen nicht abgelegt ist. So erging es mir mit einem Jogger.

Eines Abends, es begann schon zu dämmern, ging ich im Stadtwald spazieren. Der Tag war anstrengend, ich wollte mich in der lauen Abendluft entspannen. Gedankenversunken lief ich eine Forststraße entlang, da kam mir eine Person entgegen. Weil es nicht mehr hell war, meldete sich mein Sicherheitsbedürfnis. Ich schaute daher die Person genau an. Es handelte sich um einen joggenden Mann. Die letzten Strahlen der untergehenden Sonne tauchten seine Gestalt in ein diffuses Licht. Doch ich traute meinen Augen nicht - ich sah nur Laufschuhe und Haut. Mein Kopf sagte: „Du täuschst dich". Infolgedessen schaute ich ihn nochmals an. Der Jogger war tatsächlich nackt.

Beseelt lächelte er mich an. Keine Textilien standen dem intensiven Naturerlebnis im Weg. Ich konnte dieses Glücksgefühl nachvollziehen.

Als er mich hinter sich gelassen hatte, näherte sich mir aus der entgegengesetzten Richtung ein Pärchen. Der Jogger hatte sie von hinten überholt, sodass sie mit seiner Rückenfigur konfrontiert waren. Ich sah in ihre ungläubigen Augen. Auch für sie war diese Erfahrung offensichtlich neu.

Joggen in Verbindung mit Nacktheit ist jetzt erlebte Gegenwart. Das nächste Mal wird mein Gehirn dieses eingefangene Bild nicht als optische Täuschung werten. Einmal hinsehen reicht dann. Oder vielleicht doch zweimal?

Ein Hund namens Lumpi

Ihre Freundschaft begann in Italien. Er war ein Deutscher aus einem Kriegsgefangenenlager bei Pisa, der andere ein herrenloser Streuner mit unbekanntem Wohnsitz. Beide waren in einem desolaten Zustand und fanden Gefallen aneinander. Er taufte ihn auf den Namen Lumpi. Nach der Kriegsgefangenschaft begleitete Lumpi ihn zurück in die Heimat. Der pfiffige Mischlingshund genoss sichtlich die gemeinsamen Motorradtouren, das Herrchen hinter dem Lenker und der Hund vor ihm über dem Tank sitzend. Dabei suchte seine zittrige Nase fortwährend die nächsten Kilometer zu definieren. Lumpi und sein Herrchen waren eine ortsbekannte Erscheinung.

Eines Tages fuhren sie wieder flott durch die Landschaft, als das Herrchen plötzlich scharf abbremsen musste. Mit Wucht wurde Lumpi auf den Boden geschleudert, von wo aus er jaulend davonlief. Sein Herrchen begab sich stracks auf die Suche - Lumpi blieb jedoch verschollen.

So fand eine außergewöhnliche Freundschaft ihr abruptes Ende.

Auf der Suche nach dem Lächeln

Der Urlaub war vorüber. Während sie im Flugzeug saß auf dem Weg in nordeuropäische Gefilde, wanderten ihre Gedanken zurück zu ihrem Aufenthalt im fernen Osten. Mit Wehmut erinnerte sie sich an das Meer, die Wärme und das freundliche Auftreten der filigranen Einheimischen. Eine Leichtigkeit des Seins hatte sie dort erfasst, so ganz anders als in ihrem Heimatland.

Auch in ihrem Wohnort trug sie noch immer die fernöstliche Sonne im Herzen. Lächelnd lief sie durch die Straßen und schaute die Passanten mit heiteren Augen an. Ihre positive Ausstrahlung fand indessen keinen Widerhall - die Menschen zogen mit ernster Miene an ihr vorüber.

Einzig ein Obdachloser, dessen wenige Besitztümer auf mehrere Plastiktüten verteilt waren, freute sich über die ungewohnte Gabe und sagte zu ihr: „Mei Madel, lach mi doch no amoi o." In diesem Moment zeigte sich ein strahlendes Lächeln auf ihrem Gesicht. Sie hatte zu guter Letzt jemanden gefunden, der wie sie ein Lächeln schätze.

Der Ring

Es war einmal ein schöner Ring. Mit diesem Ring wollte ein Mann die Neugeburt seiner Beziehung einleiten. Doch der Mann beging einen Fehler: Er versteckte den Ring in einer für seine Herzensdame bestimmten Speise und lies diese dann alleine. Eine solche Gelegenheit nutzte sein Kater: Er machte einen Satz, und die Delikatesse samt Ring, auch delikat, aber eher am Finger, befand sich in des Katers Magen. Die Renaissance der Beziehung war nun vereitelt, und aus seinem Leben verschwand die Dame.

Der Kater hatte sich inzwischen nach draußen begeben. Er fühlte sich zunehmend unwohl, schließlich kollabierte er. Er hatte eine gefühlte Ewigkeit in dieser misslichen Lage verweilt, als er sich mit letzter Kraft auf eine Terrasse schleppte. Hier hatte er Glück.

Die Dame, zu der die Terrasse gehörte, war eine ausgesprochene Katzennärrin. Angesichts seines erbärmlichen Zustands brachte sie ihn zum Veterinärmediziner. Der fand schnell heraus, dass der Magen des Katers gegenwärtig als Schmuckkästchen diente.

Ein paar Schnitte folgten, und der Magen verarbeitete wieder die Nahrung. Bald darauf war der Kater ganz der Alte und sah fortan in der Retterin seine neue Versorgerin.

Da die Dame des Doktors Eingriff trotz ihrer knappen Ressourcen bezahlte, schmückte sie bedenkenlos mit dem schönen Ring ihren Finger. Und nicht nur der Ring war ein schmucker.

Seit einiger Zeit sah sie morgens in der Straßenbahn einen Mann. Sie hatten noch kein Wort miteinander gewechselt, aber ihre Blicke sprachen Bände: Du gefällst mir, du gefällst mir sogar sehr.

Eines Tages aß sie in einem Lokal zu Abend. Da trat plötzlich der Herzensbube aus der Straßenbahn an sie heran. Auch er hatte hier gespeist und kümmerte sich jetzt um seinen Nachtisch.

Er sah den unverwechselbaren Ring an ihrem Finger, stutze und stellte ihr nach einigen Sekunden mit erwartungsvoller Miene die Frage: „Wollen Sie mich heiraten?“ Sie zögerte kurz und erwiderte: „Mögen Sie Kater?“

Spielerisch zur Jugendlichkeit

An einem warmen, sonnigen Tag wanderte ich zusammen mit zwei Frauen durchs Gebirge. Wir kamen an einem Wasserfall vorbei. Die Kühle des Bergwassers erzeugte eine erfrischende Brise, und so entschieden wir uns, dort zu rasten.

Das Wasser zog mich von jeher magisch an. Schon als Kind wäre ich gerne einmal komplett bekleidet ins Wasser gesprungen. Da ich jedoch keine Konfrontation mit meiner Mutter riskieren wollte, hatte ich seinerzeit meinem Verlangen nicht nachgegeben.

Jetzt stand ich in der Mitte meines Lebens, und keine Mutter bestimmte, was ich zu tun oder zu unterlassen hatte. Von meinem Kindheitsverlangen getrieben stellte ich mich an den Rand der Gumpe und sprang. Endlich! Mit triefender Kleidung setzte ich meinen Weg fort.

Beim Abendessen erzählte eine der Frauen, dass meine Erscheinung - just im Moment meines Sprungs - die einer jungen Frau war. Mein spielerisches Gemüt hatte die Jugendlichkeit wieder in mein Leben geholt.

Sofia

Sofia lernte ich auf unserer Party kennen. Die Griechin mit dem markanten Profil hatte eine betörende Ausstrahlung. Alle Augen richteten sich auf sie, als sie den Raum betrat.

Einige Zeit danach kontaktierte mich der Freund, ob er meine Telefonnummer an Sofia weiterleiten dürfe. Es dauerte nicht lange, bis wir uns trafen. Ihre Wohnung war spärlich, aber stilvoll eingerichtet. Unser Gespräch kreiste um belanglose Themen.

Im Vergleich zum unverfänglich Verbalen knisterte es im Raum, auf meiner Haut entlud sich elektrische Spannung. Sie verwirrte mich. Sinnliche Empfindungen für eine Frau waren mir bis dato unbekannt. Ich hoffte inständig, dass sie nichts merkte. Die gesamte Besuchszeit über war ich bemüht, meine Contenance zu wahren. Sofia hatte mich dagegen längst durchschaut. Sie verabschiedete mich mit einem vielsagenden Lächeln. Auf dem Nachhauseweg holte ich tief Luft. Als sich mein Mann nach unserem Treffen erkundigte, sagte ich: „Es war nett." Der Vorfall beschäftigte mich noch lange. Muss ich mein Leben ändern?

Endlich Frühling!

Sei gegrüßt, du lang ersehnter Frühling. Meine tristessegeplagten Augen erlaben sich an deiner Farbenpracht. Deine warmen Lüftchen bringen Leben in die Starre.
Alljährlich ermöglichst du uns die Wiedergeburt.

Die schwere Winterkleidung ist Vergangenheit, die zweistelligen Plusgrade lassen mich leicht und beschwingt flanieren.
Fröhlich schauen die Menschen drein.

Die Natur ist nicht mehr zögerlich verhalten. Unter deiner Ägide wächst das frische Grün in rasantem Tempo.
Alles ist in Bewegung.

Jetzt wacht der Körper auf. Turteln ist angesagt, die Hormone geraten in Wallung, die sexuelle Anziehung will ausgelebt werden.
Es ist herrlich, sich inmitten des pulsierenden Lebens zu spüren.

Und doch - fehlte der Winter, ich hätte keinen Grund über dich zu jubilieren.

Das Bett des Lord Byron

Regine reiste mit Ehemann und Schwiegermutter auf den Spuren von Lord Byron durch England. Ihre Schwiegermutter schwärmte vom Leben und den Werken dieses skandalumwitterten Dichters und Herzensbrechers, der 1824 in Griechenland gestorben war. Männer wie er brächten eine Frau zum Träumen, seien aber als Ehepartner völlig ungeeignet, pflegte sie zu sagen.

Auf ihrer poetischen Erinnerungstour besuchten sie auch den ehemaligen Herrensitz der Familie Byron in Newstead Abbey, der jetzt ein Museum ist. Die Schwiegermutter war in einer euphorischen Stimmung, der Dichter war ihr hier ganz nahe - sie konnte ihn regelrecht fühlen.

Den Höhepunkt bildete das Schlafzimmer. Dort stand das prächtige Bett, dessen Überwurf genauso wie der Baldachin aus einem schweren Brokatstoff gefertigt war. Das Areal um das Bett war alarmgesichert, die dazugehörigen Hinweisschilder waren deutlich sichtbar.

Vermutlich war die Schwiegermutter in Gedanken bei Byrons leidenschaftlichen Eskapaden. So schnell konnten Regine und ihr Ehemann gar nicht schauen, da sprang die Schwiegermutter auch schon über die niedrige Absperrung und berührte mit ihren Händen das Bett. In diesem Moment ging die Alarmanlage los, und ein Museumswärter stürmte herein. Auf die Frage, was passiert sei, erwiderte der Sohn, dass er im abgesperrten Bereich seine heruntergefallene Kameraabdeckung aufgehoben habe. Offensichtlich wollte er seine Mutter, die bereits auf die Siebzig zuging, nicht als liebestoll outen.

II. Kummer und Enttäuschung

Endstation?

Myriaden von Schneeflocken schweben durchs kalte Land
und bedecken das Böse mit einem weißen Gewand.
Aber das Schlechte trägt nur eine helle Maske
und zeigt bald wieder seine finstere Fratze.
Meine Arme und Beine sind gelähmt,
meine Kraft gezähmt.
Aufbruch! schluchze ich –
hier darf ich nicht länger verweilen,
sonst sterbe ich.

Das Loch

Ein schräges Loch ist mein Zuhause, ein ausgebauter Giebel am Ende der Welt. Ich hatte mir geschworen, nie mehr in schrägen Wänden zu leben. Mir blieb indessen keine andere Wahl - im Angebot zur Zeit meiner Suche waren nur noch verschimmelte Buden. So wählte ich das Loch.

Jeden Tag aufs Neue muss ich mich gegen die Schräge behaupten. Ich ringe mit der Starre und Leere im energetischen Raum. Mühevoll füttere ich meinen Forschergeist mit Fakten, halte meine Kreativität am Laufen. Nur ein einziges Fenster verbindet mich mit dem Draußen. Schaue ich hinaus, fällt mein Blick auf hedonistisches Gebaren. Das nahe Wirtshaus lockt mit seinem Biergarten und einem üppigen Mahl. Sommers wie winters lärmen seine Gäste unter meinem Fenster.

Der Lebensatem kam der Vormieterin hier abhanden. Mit ihrem friedlosen Geist teile ich meine beklemmenden vier Wände. Selbst im Tod konnte sie dem Loch nicht entkommen.

Sterben ist somit keine Alternative.

In der Abhängigkeitsfalle

Sabrina kannte nur aus Erzählungen die winterlichen Eskapaden des Vaters ihres Freundes, die nach einem inszenierten Schema abliefen: Die Mutter traf bei ihrer Rückkehr den Ehemann nicht an. Im Badezimmer fand sie leere Schlaftablettenschachteln, in der Garage fehlte das Auto. Daraufhin alarmierte sie ihre Kinder und die Suche begann. Schließlich fand man ihn und das Auto. Er selbst, da nur in Unterwäsche, war unterkühlt und angesichts der Schlaftabletten nicht mehr im Besitz seiner vollen geistigen Kräfte. Die Familie arrangierte sich mit der enervierenden Situation, da sich der Vater einer Therapie widersetzte.

Eines Tages hob er das gesamte Geld vom gemeinsamen Konto ab und verschwand. Jetzt hieß es für die Mutter, einen Job suchen und das Leben alleine meistern.

Über kurz oder lang tauchte der Vater allerdings wieder auf, das Geld hatte er ausgegeben. Von nun an finanzierte die Ehefrau ihren Ehemann, und das gewohnte Leben nahm wieder seinen Lauf.

Schuldgefühle

Dunkle Gedanken umschnüren meinen Brustkorb wie ein enges Korsett. Der ersehnte Schlaf ist in weite Ferne gerückt.

Ich habe den Deckel von Pandoras Büchse entfernt, nagende Schuldgefühle entweichen ihr jetzt. Ich werde zur Anklägerin meiner selbst. Eine rasende Herzfrequenz folgt auf den so erzeugten Stress.

Die wissende Vernunft kapituliert vor der gepeinigten Seele. Ich bin wieder Kind und verantwortlich für die familiäre Misere.

Ich sei der letzte Nagel in ihrem Sarg, hörte ich einst aus dem Mund meiner Mutter. Monate später erlag sie ihrem Krebs. Über die Jahre wurde der Nagel zum nagenden Stachel.

Jeder ist seines Glückes Schmied, heißt es. In jener Nacht beschließe ich, den Stachel zu entfernen. Aus der heilenden Wunde wird früher oder später eine Narbe. Damit kann ich leben!

Die Schreibblockade

Ich muss - ich muss - ich muss.
Heute werde ich die Geburt einleiten.
Flüssige Gedanken werden endlich zu geschriebenen Worten.

Dann kommt die Ernüchterung.
Meine Gedanken sind starr wie eine eingetrocknete Creme in der Tube. Doch einige zappeln, wollen nach draußen,
zu Papier gebracht werden.

Ich kann nicht - ich kann nicht - ich kann nicht.
Verzweiflung übermannt mich.
Ich fühle mich wie eine derangierte Marionette ohne Fixierung.
Meine Gedanken formieren sich zu keinem sinnvollen Ganzen.

Heute jedoch werde ich den Kampf aufnehmen,
meinem Gegner die Stirn bieten.
Scheitere ich dennoch am Ende des Tages,
werde ich kapitulieren vor der Blockade.

Dann war ich - dann war ich - dann war ich.

Fehlentscheidungen

Katharinas Großmutter hatte viele Fehlentscheidungen in ihrem Leben getroffen. Katharina war sich nicht sicher, ob aus Ignoranz oder Desinteresse. Vielleicht war sogar ein dunkles Familiengeheimnis dafür verantwortlich.

Als sie sechzehn Jahre alt war, brachte sie ihr erstes Kind zur Welt. Der Vater des Kindes war wesentlich älter als sie und wollte damit nichts zu tun haben. Der Skandal in der ländlichen Gemeinde war perfekt. Die eigentliche Mutterrolle aber füllte die Großmutter aus. Zwischenzeitlich stand die Hochzeit ihrer älteren Schwester mit einem Hoferben an. Am Hochzeitstag nahm sich ihr Bruder das Leben, die Gründe hierfür waren unbekannt. Jetzt war Katharinas Großmutter die Erbin eines stattlichen Bauernhofes mit vielen Hektar Land und Fischereirechten. Sie war eine gute Partie, wäre da nicht das uneheliche Kind.

Nichtsdestotrotz wurde sie wieder schwanger. Der Vater des Kindes wollte sie zur Frau nehmen. Sie aber lehnte ab, worauf ihr Vater meinte, dass sie einmal böse enden würde.

Einige Jahre später kam ein neuer Knecht auf den Hof. Er war der jüngere Sohn eines Bauern und musste sich somit eine Hoferbin suchen. Ein fescher Bursche war er und wusste ihr zu schmeicheln. Sie wurde erneut schwanger und heiratete ihn. Ihr Ehemann hatte den Ruf eines Schürzenjägers, sodass Eltern ihre Töchter nicht mehr als Mägde auf den Hof schicken wollten. Zudem schwängerte er eine Frau aus dem Nachbarhaus. Ihren Liebesbrief fand einer der Söhne in der väterlichen Hosentasche. Gegen den Rat ihrer Söhne, ihn aus ihrem Leben zu verbannen, überschrieb sie dem Ehemann den gesamten Hof und ermöglichte damit seiner Geliebten ein lebenslanges Bleiberecht. Die Großmutter endete in einer tiefen Depression.

Niemals wollte Katharina ähnliche Fehler begehen: Dies bedeutete, der Mendelschen Vererbungslehre trotzen.

Wut

Ich kam zu euch mit offenem Herzen.
Jetzt erkenne ich, dass dies ein Fehler war.
Eine Sehnsucht nach meinen Wurzeln hatte mich gepackt.
Also verstaute ich meine Habe
und ließ das Vertraute zurück.

„Gott mit dir, du Land der Bayern ..."

Und ich traf auf eine mir fremde Kultur. Ein enges Band,
das ihr Brauchtum nennt, umklammert fest eure Seelen.
Meine Brust ist eingeschürt, das Atmen fällt mir schwer.
Jeder Tag ist ein Kampf ums Lebenselixier.
Verlasse ich mein Zuhause und begebe mich nach draußen,
treffe ich auf gepflegte Biederkeit und Plattitüden.

Indes: Entferne ich eure rustikale Verkleidung, erkenne ich
„Milchkühe und Zuchtbullen" im bukolischen Reigen.

Ich bin auf dem Holzweg, und mein Herz ist jetzt verschlossen.
Euer Vaterland werde ich bald verlassen.

Die Aufkündigung der Schwesternschaft

Hör mich an, liebe Schwester,
du bist mir ein Rätsel.

Wir haben dieselben Eltern,
aber das sieht man nicht.
Wir sprechen dieselbe Sprache,
aber wir verstehen uns nicht.
Wenn Blut dicker als Wasser ist,
warum fühlen wir es nicht?

Einst kamen wir uns näher, aber nicht nah genug.
Dann schicktest du mir eine E-Mail ...

Rede mit mir, liebe Schwester, ich warte auf dich.
Aber du bist längst aus meinem Leben verschwunden.

Der Kamelsturz

Das junge Paar hatte am letzten Tag vor seiner Abreise ein Kamel samt Treiber gemietet. Der Tag war heiß, die Landschaft eintönig. Beide saßen müde im Sattel. Augenblicklich trotteten sie entlang einer engen Lehmstraße, vor ihnen dehnte sich eine große Wasserlache aus. Als das Kamel diese betrat, kam just von hinten ein schwerer LKW. Das Kamel scheute, bäumte sich auf und ging durch. Die Frau konnte sich gerade noch aus den Steigbügeln befreien, bevor sie ins Wasser fiel. Als Folge des Sturzes war sie von Kopf bis Fuß mit Schlamm bedeckt, und eine Wunde am linken Knie blutete stark.

Kurz darauf begann das Paar seine Odyssee zum einzigen Krankenhaus mit westlichen Standards. Angesichts ihrer Schmerzen berührte die Frau kaum, dass dort das Desinfektionsmittel aus einer Nivea-Flasche kam.

In der Nacht hatte die Sommerzeit begonnen, was das Paar vergaß, bei der Planung zu berücksichtigen.

Als beide den Flughafen erreichten, war das Boarding für die Frau nicht mehr möglich. Der Mann hatte mit einer anderen Fluggesellschaft gebucht und reiste noch am selben Tag ab.

Am Folgetag konnte auch sie die Rückreise antreten. Ihr Vater begrüßte sie in der Ankunftshalle mit den Worten: „Ein Kamel ist vom Kamel gefallen!“

Er war verärgert, denn seine verletzte Tochter vereitelte die ersehnte Zweisamkeit mit seiner neuen Freundin.

Die zweite Ehefrau

Sie ging auf die fünfzig zu, als sie ihm das Jawort gab. Die Verwandtschaft hatte ihr Kennenlernen arrangiert: er ein rüstiger Rentner und Witwer, sie die Krankenschwester aus der Kinderpsychiatrie, unverheiratet und voller Sehnsucht nach einem trauten Heim. Als sie sich für eine gemeinsame Zukunft entschieden, hörte sie auf zu arbeiten und zog zu ihm aufs Land.

Doch der Geist der ersten Ehefrau war im Haus allgegenwärtig. Da nutze es auch nichts, dass man das Schlafzimmer in ein ehemaliges Kinderzimmer verlegte. Jeder der beiden Eheleute hatte überdies Hoffnungen und Wünsche – die waren allerdings in den wenigsten Fällen kompatibel. Überall sah sie Verschwörungen und dachte: Wenn ich gewusst hätte, was auf mich zukommt, ich hätte ihn niemals geheiratet.

Eines Tages aß er alleine in der unteren Küche seine Lieblingsspeise. Hierbei verschluckte er sich und ein Stück des Wammerl geriet in seine Luftröhre. Sie hörte sein lautes Röcheln, kam ihm jedoch nicht sofort zu Hilfe.

Als sie endlich nach unten ging, schlug sein Herz nicht mehr. Entsetzt holte sie den Nachbarn. Der konnte ihn zwar wiederbeleben, aber wichtige Regionen seines Gehirns waren unwiederbringlich zerstört.

Und dann begab sich Folgendes: Nach der letzten Ölung beugte sie sich zu ihm und flüsterte: „Ludwig, wart' auf mich im Himmel!“ Die beiden Töchter erstarrten und eine sagte beim Hinausgehen zur anderen: „Das wird er sicherlich nicht! Unsere Mutter wird oben auf ihn warten, und die beiden werden in einer kosmischen Allianz neu durchstarten.“

Eine emanzipierte Frau

Ich hatte einmal eine Freundin. Sie war eine emanzipierte Frau, arbeitete für das Büro der Frauenbeauftragten der Universität, an der wir beide studierten. Das kleinbürgerliche Rollenverständnis ihrer Eltern war ihr zuwider.

Sie lernte einen Mann kennen. Er war wortgewandt und charismatisch, beide teilten die gleichen politischen Visionen. Zur Gefolgschaft dieses Mannes gehörten vier Frauen, die er dominierte, ein Hahn unter Hennen eben. Von Eifersüchteleien keine Spur, für den Geschlechtsverkehr gab es einen Wochenplan. Das einzige weitere männliche Wesen in ihrem Leben war ein Kater.

Später traf sie auf einen anderen Mann. Er war nicht wortgewandt und auch nicht charismatisch, aber er verfolgte klare Prinzipien und hatte die Aussicht auf einen gut bezahlten Job. Der eine ging, der andere und der Kater blieben. Von nun an war sie das Weibchen an der Seite eines Mannes und finanziell abhängig.

Irgendwann zog ich mich aus ihrem Leben zurück. Sie hatte unsere Werte verraten.

Ein Anruf mit Folgen

Am frühen Morgen, nachdem ihr Ehemann das Haus verlassen hatte, erhielt Susanna einen Anruf. Eine Frauenstimme stellte sich als Geliebte ihres Ehemannes vor. Sie verstünde nicht, warum Männer Ehefrauen und Geliebte hielten. Dann war es ruhig in der Leitung.

Nach dem anfänglichen Schock auf das Gehörte, setzte Susannas analytisch trainierter Verstand ein. Sie erkundigte sich bei der Frau nach dem Grund ihres Anrufes. Das besagte Problem müsse die Geliebte wohl eher mit dem Ehemann klären.

Im Verlauf des Gesprächs hatte die Frau Schwierigkeiten, sich auf eine sachliche Argumentation einzustellen. Sie beide sollten sich einmal treffen und die aktuelle Konstellation diskutieren, schlug die andere vor. Obwohl Susanna schmerzvoll berührt war, lachte sie bei dieser Vorstellung – sie und die Geliebte in gepflegter Konversation bei einem Glas Wein, was für eine skurrile Idee. Folglich lehnte sie ab.

Ob sie sich denn schon einmal überlegt habe, warum ihr Ehemann nicht mit seiner Geliebten lebe. Er habe keine Verpflichtung eigenen Kindern gegenüber, er müsse nur seine Sachen packen und ausziehen. Es folgte wiederum Schweigen in der Leitung. Schließlich sagte die Frau mit gequälter Stimme, der Mann hege wohl noch Gefühle für seine Ehefrau.

Die Klarheit dieser Erkenntnis wollte Susanna nicht durch weitere Worte trüben. Daher beendete sie das Gespräch. Als sie auflegte, hatte sie die Trennung von ihrem Ehemann bereits gedanklich vollzogen.

III. Beziehungen

Meine Eltern

Ihr wolltet immer nur das Beste für mich,
das euch selbst nicht vergönnt war.

Ihr glaubtet einmal an eine rosige Zukunft,
die entpuppte sich jedoch irgendwann als Fehlfarbe.

Ihr errichtetet eine Familie mit dem
Mauerwerk der Illusion, ohne die Erkenntnis
als festigenden Mörtel einzubinden.

Nach der Gemeinsamkeit
folgte unweigerlich die Einsamkeit.

Jetzt, da ich begreife,
dass das Beste von Mensch zu Mensch variiert,
kommt meine Erkenntnis zu spät.

Zum Fest der Liebe Botulinumtoxin

Es war ein Tag vor Heiligabend, und es fehlte ihm noch das Geschenk für seine Ehefrau. Zeit und Muse für dessen Besorgung waren ihm in den stressigen Wochen vor Weihnachten abhanden gekommen. Zudem hatte sie alles, und er fragte sich, womit man ihr gegenwärtig eine Freude machen konnte.

Seine letzte Patientin an diesem Tag hatte er mit Botulinumtoxin gegen Migräne behandelt. Dieses Nervengift, auch unter dem Handelsnamen Botox bekannt, lähmt muskuläre Überaktivität. Seine Patienten schätzten den verjüngenden Nebeneffekt, wenn er die Spritze im Gesichtsbereich setzte.

Er betrachtete nachdenklich das Foto von Lisbeth auf seinem Schreibtisch. Sie war eine patente, geerdete Frau, dazu eine fürsorgliche Mutter und liebevolle Ehefrau. Aber Lisbeth hatte sich zwischenzeitlich verändert. Ihre Stirn war gezeichnet von einer tiefen Falte. Prompt kam ihm eine Idee: Ich schenke Lisbeth zu Weihnachten eine Ampulle Botulinumtoxin und gebe ihr damit ihre Jugendlichkeit zurück.

Alle Frauen ab einem gewissen Alter sehnten sich danach, das hatte er irgendwo einmal gelesen.

Als seine Ehefrau erkannte, welches Geschenk er ihr da mit den Worten „Besser als jede Creme" überreichte, entglitt ihr die Ampulle und zerschellte mit klirrendem Geräusch auf dem Terrazzoboden.

„Jetzt musst du mich wohl oder übel mit meiner Falte ertragen", rief sie ihm daraufhin zu, „oder dir eine Jüngere suchen". Er aber war völlig verwirrt. Sie hatte offensichtlich etwas missverstanden.

Zweimal Daniel

Marie hatte sich verknallt und wollte ihrer Freundin darüber berichten. Diese lebte im alten Stadtkern, in dem sich die Häuser eng aneinander schmiegten. Daher hatte man auch ungewollt einen guten Einblick in das Leben der Nachbarn.

Also saß sie eines Abends mit ihrer Freundin in der Küche bei offenem Fenster und berichtete in lebhaften Tönen über ihren Schwarm Daniel. Am nächsten Tag traf sie in der Bibliothek auf ihren Kommilitonen, der ebenfalls Daniel hieß. Dieser verhielt sich heute distanziert. Der Kontakt mit ihr machte ihn sichtlich verlegen. Sie wunderte sich, fand aber keine Erklärung für sein sonderbares Verhalten.

Mittlerweile waren Daniel und sie ein Paar. Eines Tages ergab sich die Gelegenheit, die beiden Männer miteinander bekanntzumachen. Später erzählte der Kommilitone Marie, dass er ihr herzzerreißendes Verlangen nach Daniel in seinem Bad mit angehört und auf sich bezogen hatte.

Vornamen dienen eigentlich der individuellen Differenzierung. Und wenn nicht, liefern sie Stoff für amüsante Verwirrungen.

Der Autist

Sie lernte ihn bei der Arbeit kennen. Er war nicht ihr Typ, dessen ungeachtet ging sie eine Art Beziehung mit ihm ein. Immerhin teilten sie die Liebe zur Musik. Er konnte alles, was er einmal gelesen hatte, auch nach langer Zeit detailliert wiedergeben. Allerdings litt sie unter seiner Berührungskälte und der fehlenden natürlichen Mimik in emotionalen Situationen.

Der Besuch seines Sohns, bei dem das Asperger-Syndrom diagnostiziert wurde, war der Wendepunkt in ihrer Beziehung. Sie erkannte Verhaltensmuster des Sohns im Vater wieder. Umso mehr interessierte sie nun das Thema. Sie las Autobiographien von Autisten und recherchierte neuropsychologische Studien. Das Gehirn eines jeden Menschen ist einzigartig, es gibt kein Normgehirn, lernte sie. Dennoch dachte sie immer wieder, würde die Welt ausschließlich von Autisten beherrscht, sie wäre kalt und leer.

Sie hoffte, dass das Wissen ihr die nötige Toleranz für sein Verhalten gäbe. Schlussendlich scheiterten sie an ihrer Verschiedenheit und trennten sich.

Die Entscheidung

Cordula war intelligent, aber leicht manipulierbar. Sie selbst beschrieb sich einmal als eine, die fragend durchs Leben ging. Seit Längerem spielte sie mit dem Gedanken, sich in Afrika zu engagieren. Ihr Ehemann sah dieser Perspektive mit Unmut entgegen und schlug vor, seinen sich als Lebensberater betätigenden Bruder zu konsultieren.

Die erste Sitzung war ihrem Ehemann vorbehalten, eine halbe Stunde später saß sie ihrem Schwager gegenüber. Cordula schilderte ihr Anliegen. Nachdem sie geendet hatte, herrschte für einige Minuten Stille. Anschließend begann er mit seiner Einschätzung der Lage. Ihr Herzchakra sei geschlossen. Dies führe dazu, dass sie nicht lieben könne. Auch eine Verbindung mit der oberen Astralebene fehle. Egoismus und Selbstüberschätzung seien die Triebfedern in ihrem Leben. Schluchtzend versuchte Cordula daraufhin zu verstehen, dass ihr Wunsch nach einer gemeinnützigen Tätigkeit auf allein niederen Beweggründen basierte. Kurz danach entschied sie sich gegen einen Aufenthalt in Afrika.

Gegensätze stoßen sich ab

Sie war die Kluge und analytisch veranlagt, er der selbst ernannte Künstler und Träumer.

Das Paar lebte schon viele Jahre zusammen. Derweil machte die anfängliche Faszination für das Gegensätzliche einer schleichenden Verachtung Platz. Sie zogen in eine Wohnung aus der Gründerzeit. Damit wurde ein lang gehegter Wunsch Wirklichkeit. Der Preis dafür waren die alten Wasserrohre der Wohnung.

Eines Tages stellten sie fest, dass das Rohr in der Küche tropfte. Sie beschloss, einen Handwerker zu rufen. Er aber wollte sich vor ihr profilieren und sich als verkannter Alleskönner präsentieren. Er nahm die Zange und begann, das Rohr zu bearbeiten. Es dauerte nicht lange und mit starkem Druck ergoss sich das Wasser in die Küche. Bis sie endlich den Haupthahn gefunden hatten, stand ein Großteil des Raums unter Wasser. Zu guter Letzt wurde doch ein Sachkundiger gerufen.

Sie fasste einen Entschluss: Ihr nächster Mann wird einer mit geschickten Händen und scharfem Verstand.

Ungleiche Portionen

Ella war in bescheidenen Verhältnissen aufgewachsen und lebte noch als berufstätige Frau bei ihren Eltern. Obschon der Vater nicht mehr alleiniger Geldverdiener war, da Ella ihren Anteil für die Haushaltskasse beisteuerte, erhielt er, wenn es ums Fleisch ging, nach wie vor den größten Anteil.

Ellas Leibgericht war gebratene Leber mit Apfelscheiben und Zwiebeln. Ihre Mutter wusste zwar, dass der Vater ganz andere Fleischgerichte bevorzugte und gerade Ella diejenige war, die dieses Gericht so schätzte, dennoch legte sie jedes Mal bei der Aufteilung der Leber dem Vater zwei Scheiben auf den Teller, sich und Ella dagegen je eine.

Dann heiratete Ella und gründete einen eigenen Hausstand. Als sie das erste Mal in ihrer neuen Wohnung kochte, gab es natürlich gebratene Leber. Sie legte sich zwei Scheiben auf den Teller und ließ den ersten Bissen genüsslich auf der Zunge zergehen.

Und vor ihrem inneren Auge stand die eine Szene, in der sie ihrem hungrigen Vater nur eine einzige Scheibe vorlegte.

Allein unter Müttern

Gestern war Muttertag.
Von meinem Fenster aus konnte ich das emsige Treiben im benachbarten Blumengeschäft beobachten. Ein Radiosender stellte Muttertagssprüche vor, darunter folgenden: Gute Sachen sind selten, darum gibt es dich auch nur einmal. Die Mutter ist also eine Sache - Kummerkasten, Putzroboter und Küchenmaschine.

Gestern war die hiesige Ortschaft ungewöhnlich verlassen - in den Schoss der Mutter Natur zog es die große Schar Festtagswilliger. Zum Mittagessen führte man die Geehrte in eine der Wirtschaften aus, so war es Brauch, und so wurde es erwartet. Man leistete seine Schuldigkeit am Ehrentag der Mutter.

Gestern war ich auf üppigen Wiesen.
Um mich herum nur Mütter, Kinder und Väter.
Befreit ging ich allein meines Weges,
meine Entscheidung war ehrlich.

Das Ende

Seit geraumer Zeit pflegte Hanna eine Affäre mit dem Freund ihres Partners. Sie wollte nun ein neues Leben mit ihm beginnen, hatte aber Angst, mit ihrem Partner darüber zu sprechen, da er ein aggressives Naturell besaß.

Ihr neuer Liebhaber finanzierte seinen Lebensunterhalt mit dem Überführen von Leichen. Als er seinen Freund zu einer solchen Fahrt nach Palermo einlud - schließlich täte ihm ein Tapetenwechsel gut - stand ihrem Auszug nichts mehr im Weg.

Sobald der Kleintransporter mit dem Horizont verschmolzen war, hielt Hanna mit dem Winken inne und rannte zurück in die Wohnung. Umgehend begann sie mit dem Verpacken ihrer Habseligkeiten, die noch am selben Abend abgeholt werden würden. Nach ihrer konfliktreichen Zweisamkeit waren Auszug und Trennung die richtige Entscheidung. Im Sarg nach Palermo befand sich folglich auch ihre gescheiterte Beziehung.

Sie legte ihren Abschiedsbrief auf den Küchentisch und knipste das Licht aus.

Der ferne Vater

Nadja lebte mit ihren Eltern und Geschwistern in Polen. Ihre Mutter stammte aus dem damaligen Ostpreußen, ihr Vater war Pole. All die Jahre begleitete ihre Mutter eine große Sehnsucht nach der deutschen Heimat. Als Nadja zwei Jahre alt war, schritt diese zur Tat. Gemeinsam mit ihren drei Kindern floh sie über die DDR in die BRD. Der Vater aber blieb zurück.

Der Neuanfang im ersehnten Westen war mühsam. Daher überschatteten die Existenzsorgen die Gedanken an den fernen Vater. Er war ein imaginäres Wesen, ein unbekannter Teil ihrer Identität. Dann fiel der eiserne Vorhang, und Nadja konnte ein Wiedersehen mit ihrem Vater angehen.

Sie war nervös auf der Fahrt nach Polen. Als sie ihm endlich gegenüberstand, sah sie einen alten Mann, der sie freundlich begrüßte. Beide rangen nach Worten, da gemeinsame Erinnerungen fehlten. Der Vater hegte indessen keinen Groll. Er hatte sein eigenes Leben geführt mit anderen Menschen an seiner Seite.

Auch in der Nähe blieb er für die Tochter ein entferntes Wesen.

Das morgendliche Spektakel

Jeden Morgen punkt fünf Uhr ging das Spektakel los. Im Hotelzimmer nebenan begann es mit einem Stöhnen, das langsam lauter wurde, hernach abflachte und nach einer Pause wieder anstieg, bis es kurz darauf abrupt aufhörte. War dieser Intervalldurchlauf zu Ende, ging es wieder von vorne los, wie eine einstudierte Choreographie. Nach zwei Stunden war der Spuk vorüber, und sowohl sie als auch die Gäste von nebenan standen auf. Anfänglich war sie belustig, später nur noch genervt, ihr fehlte der Schlaf.

Dann traf ihr Ehemann ein. Gleich am ersten Tag, als sie hörten, dass sich das theatralische Paar im Nachbarzimmer aufhielt, schrien und stöhnten sie beide aus voller Kehle und vollführten dabei akrobatische Formationen auf der Matratze, sodass die Bettfedern gehörig quietschten. Nach zwanzig Minuten beendeten sie die Vorführung, um in die Stadt zu gehen.

Durch Zufall begegneten sie dem Paar auf dem Flur. Beide schauten sie mit großen Augen an.

Am nächsten Morgen war es still im Nachbarzimmer.

Eine perfekte Familie

Eine zeitlang gingen Isabel und die perfekte Familie gemeinsame Wege, dann kam es zum Bruch wegen unüberwindbarer Differenzen.

Es war eine ausgesprochen interessante Familie, Passagen aus deren Leben hörten sich an wie Auszüge aus einem Filmskript.

Der Vater war ein risikofreudiger Entrepreneur, ein Selfmade-Mann und für einige Jahre Besitzer eines bekannten Jazzclubs, die Mutter ein ehemaliges Fotomodell, zwar ohne höhere Schulbildung, aber mit einem Faible für englische Dichter. Die Eltern lernten sich bei einem Werbespot-Shooting in Hollywood kennen. Sie hatten vier Töchter und einen Sohn. Dieser gehörte zu der seltenen Spezies Mann, die beim Kleiderkauf Ausdauer bewies und sogar eine Frau gut beraten konnte.

Beim ersten Hinsehen war Isabel beeindruckt vom perfekten Image und dem starken Zusammenhalt dieser Familie, noch dazu eingebettet in die kalifornische Ferienkulisse von Sonne und Meer.

Über die Jahre wurde Isabels Blick immer genauer – die Fassade erhielt zunehmend Risse. Die älteste Tochter, eine vormals lokale Schönheitskönigin, hatte Affinitäten zum kriminellen Milieu, die zweitälteste Tochter, eine erfolgreiche Rechtsanwältin, litt an Fettleibigkeit, eine weitere konnte mit dem Aussehen der ältesten Schwester nicht konkurrieren und kam damit nicht zurecht. Bei der jüngsten Tochter aber wurde Magersucht diagnostiziert und sie versuchte später, sich das Leben zu nehmen. Darüber hinaus entwickelte sich der Sohn zum Alkoholiker, was aber weder er noch seine Familie sich eingestehen wollte. Und über allen thronte die makellose Mutter als Familienmatrone.

Nach vielen Jahren des mehr Scheins als Seins beendete Isabel das Verhältnis.

IV. Mitten im Leben

Der englische Patient

Seit vielen Jahren gehörte ein Engländer zu seinen Patienten, der das Paradebeispiel eines Menschen mit einem viktorianischen Verhaltenskodex war - in jeder Situation Selbstdisziplin und Haltung bewahren. Hieraus resultiert die Redewendung *To keep a stiff upper lipp*.

Als der englische Patient an diesem Tag in seine Zahnarztpraxis kam, hatte er eine aschfahle Gesichtfarbe, und seine Stirn war mit Schweißtropfen übersät. Auf seinen Gesundheitszustand angesprochen erwiderte er, dass er beschwerdefrei sei. Also begann er mit seinem Behandlungsprogramm. Er hatte noch nicht lange gearbeitet, da zuckte plötzlich der Körper des Patienten. Dann ergoss sich Erbrochenes über Patienten und Arzt. Während er keine Miene verzog, sagte er: „*I am so sorry*“ - „es tut mir wirklich leid.“ Und der Arzt war um eine interkulturelle Erfahrung reicher.

Die Narzisstin

Ich schaue in ein spiegelglattes Wasser und erkenne eine schöne Frau. Ich bin trunken vom Anblick dieses Bildes, gebannt starre ich den Körper an, der ein Schatten ist. Sinnliche Gedanken bewegen mich. Ist es Liebe? (frei nach Ovid, Metamorphosen).

Ich tauche auf aus dieser träumerischen Glückseligkeit - im Hier und Jetzt schaue ich in einen Spiegel. Doch in letzter Zeit wird das Bild immer diffuser. Schuld daran ist eine Frau.

Ich sah sie das erste Mal bei einer Lesung. Ihre Erscheinung stach aus der Gruppe der Zuhörer heraus. Ich würde sie von mir überzeugen, und sie würde mir die ersehnte Anerkennung geben, dies war mein Ziel.

Ich sitze gerne in Cafés. Dort kann ich unbehelligt Menschen studieren. Mir ist es egal, ob ich dabei deren Privatsphäre verletzte, Hauptsache die Unterhaltung stimmt.

Ich gehe regelmäßig zur Therapie wegen meiner Traumata, zumindest so lange die Krankenkasse zahlt. Hier stehe ich uneingeschränkt im Mittelpunkt.

Ich habe schon viele Tricks zur Verhaltensoptimierung von meiner Therapeutin gelernt.

Ich flüchte mich auch gelegentlich in eine Klinik, ich habe nämlich Probleme mit meinem Darm. Dann werde ich umsorgt und bedient, keiner macht mir meinen Platz streitig. Dafür habe ich eigens eine Zusatzversicherung.

Während unserer anfänglichen Treffen konnte ich stundenlang meine Eltern für meine Lebensmisere verantwortlich machen, über das schändliche Verhalten meines Ex-Mannes klagen und den Narzissmus meiner Kollegen anprangern. Obschon die Frau wiederholt betonte, ich solle in meinen Eltern nicht ausschließlich Sündenböcke sehen, meinen Ex-Mann endlich loslassen und Narzissmus sei doch momentan ein Modewort. „Erkenne dich selbst und übernehme Verantwortung für dein Leben", resümierte sie. Ich hingegen warf ihr in Gedanken mangelnde Empathie vor.

Während unserer weiteren Treffen gab es vermehrt Dispute.

Eines Tages kam es zum Bruch.

Ich beklagte mich wieder einmal über mangelnde Wertschätzung. Als ich mich davon nicht abbringen ließ, beendete sie das Treffen. Ich wollte deshalb ohne sie nach Hause fahren, später lenkte ich jedoch ein. Schade eigentlich, die Vorstellung hätte mich erheitert, wie sie im Dunklen alleine vom Gasthof kilometerweit durch die Felder lief. Als unsere Wege sich trennten, sagte ich ihr auf den Kopf zu, dass sie eine Narzisstin sei. Sie konterte amüsiert, „die Narzisstin bist vielmehr du". Daraufhin warf ich sie aus dem Auto. Ihre Störung hatte sie wohl auf mich projiziert.

Ich fühle mich neuerdings wie ein sezierter Körper, meine Eingeweide und Gedärme durchwühlt. Das Skalpell dieser Frau hat die Selbsterkenntnis frei präpariert. Vorstellung und Wirklichkeit überlappen sich nicht mehr.

Ich sehe jetzt im Spiegel das Bild einer gewöhnlichen Frau, aber da sind ja noch die Träume vom glatten Wasser mit dem schönen Portrait.

Das Fensterln

Ein kleiner Ort im bayerischen Oberland war Elias Wahlheimat. Der akademisch gebildete Marokkaner lebte seit vielen Jahren in Deutschland. Man sagte sogar, er sei deutscher als die Deutschen. Er schätzte nämlich Ordnung und Pünktlichkeit.

Elias gab sich große Mühe, Toleranz gegenüber den hiesigen Sitten und Gebräuchen zu üben. Er wusste, dass jedes Land seine Eigenheiten hatte, aber das Fensterln war ihm wirklich suspekt: Ein junger Bursche, der zu seiner Liebsten über eine Leiter durchs Fenster einstieg und das alles sehr geheim. Warum klopfte er nicht einfach an die Tür? In Deutschland herrschte doch eine gewisse Freizügigkeit. Obendrein schien die Kirche nichts gegen diesen Brauch einzuwenden - vermutlich weil sich dadurch ihre Schäflein vermehrten.

Er hatte einmal gelesen, dass das Fensterln in der Brautwerbung verwurzelt war. Und er war bisher irrtümlich davon ausgegangen, dass es nur in seinem Heimatland komplizierte Rituale zwischen Frauen und Männern gab.

Eine einheimische Oberländerin war Elias angetrautes Eheweib. Sie war populär bei den Männern des Ortes, besonders einem gefiel sie sehr. Er war jünger und hatte sich bisher in nüchternem Zustand nicht an sie herangewagt.

Eines Nachts hörten sie ein Poltern unter ihrem Schlafzimmerfenster und ihn mit betrunkener Stimme rufen: „Anna, lass mich rein!" Seine Ehefrau lachte, als sie dies hörte. „Das ist skandalös!", kommentierte Elias.

Dann aber öffnete er das Fenster und lud den schmachtenden Burschen zum Tee ein. Schließlich wurde in seinem Heimatland Gastfreundschaft großgeschrieben. Durch die Haustür würde er ihm Einlass gewähren und das Teewasser unverzüglich aufsetzen. In diesem Moment hörte Elias einen Plumps - der Bursche war von der Leiter gefallen.

Ein Ausblick mit Hindernissen

Katharina hatte endlich eine Wohnung in idyllischer Lage gefunden. Als sie nach dem Umzug entspannt auf ihrem Balkon saß, musste sie leider feststellen, dass die Aussicht auf das schöne Bergpanorama durch Baumwuchs beeinträchtigt war.

Entschlossen holte sie eine Säge. Fürs Panorama musste der Baum wenigstens einen Ast lassen!

Das Klettern ging leichter als gedacht, und schnell erreichte sie die luftige Höhe. Doch konnte sie nicht sogleich Hand anlegen, weil ein Jogger das Siedlungsgelände als Trainingsareal nutzte und just nach jeder Runde an ihrem Baum vorbeikam. Dann schien der Zeitpunkt gekommen – sie sägte kräftig und ein fünf Meter langer Ast fiel zu Boden. Doch plötzlich näherte sich wieder derselbe Jogger, hielt an und blickte verwundert auf den Boden. Der Ast war neu, das stand in seinem Gesicht geschrieben. Am Ende nahm er seinen Lauf wieder auf und entfernte sich bald aus ihrem Blickfeld.

Entwarnung war indessen immer noch nicht angesagt, da sich jetzt ein Dackel mit seinem Herrchen näherte. Während der Mann weiterlief, witterte der Dackel sie hoch oben im Baum. Er fing sofort an, sie als potentielle Beute kläffend zu stellen. Das Herrchen teilte zum Glück nicht des Dackels Jagdinstinkt und rief ungeduldig: „Bei Fuß!“ Nach einer gefühlten Ewigkeit folgte der Dackel seinem Herrchen.

Geschwind kletterte sie hinab. Sie packte den Ast, musste sich aber umgehend hinter einem Baum verstecken, da sich eine Person den benachbarten Mülltonnen näherte. Am Ende schleifte sie geschwind den Ast zu einem entfernten Platz, zersägte und verteilte ihn zwischen den Büschen. Das wäre nun geschafft, dachte sie befriedigt.

Als sie am nächsten Tag nach Hause kam, wollte sie ihr vollbrachtes Werk in Augenschein nehmen. Unvermittelt haftete ihr Blick auf einem betriebsamen Mann im besagten Baum. Die Hausverwaltung hatte einen Gärtner damit beauftragt, die Bäume auf dem Siedlungsgelände zu stutzen.

Die Meisterprüfung

Einst gehörte zur „Meisterprüfung in ländlicher Hauswirtschaft“ noch das Schlachten von Hühnern.
Das Schlachten erfolgte nach einem festgelegten Ablauf: zuerst mit einem Schlagholz das Huhn betäuben, dann den Ohrenscheibenstich an der Halsschlagader setzen und den Hals des Huhns in einen Trichter zum Ausbluten stecken. Danach wurde das Tier überbrüht, gerupft und die Eingeweide entnommen. Soweit zur Theorie.

Das Huhn, das heute als Suppenhuhn enden sollte, war am frühen Morgen angeliefert worden und befand sich bereits im Schlachtraum. Außerdem waren zwei Prüferinnen und ein Lehrling anwesend. Letzterer hatte ihr gegenüber panische Angst vorm Schlachten geäußert, und Ursula dachte daher besorgt, ob er sie jetzt wohl im Stich lassen würde.

Sie öffnete den Käfig und packte das Huhn mit der einen Hand an den Beinen, mit der anderen führte sie den betäubenden Schlag durch. Ihre Hand zitterte leicht, als sie den Stich platzierte und den

Hals des Huhns in den Trichter steckte. Nach einer Weile fiel ihr auf, dass kaum Blut aus dem Hals in den Trichter tropfte.

In diesem Moment bewegte sich das Huhn, drängte rückwärts aus dem Trichter heraus und lief anschließend kreischend durch den Schlachtraum. Beim Anblick des aufgeschreckten Huhns erfroren ihre Bewegungen.

Aber in diesem Moment wurde der Lehrling aktiv. Er fing das Huhn wieder für sie ein. Zum zweiten Mal führte sie den Vorgang durch. Jetzt blutete das Huhn aus, und sie konnte mit dem Überbrühen beginnen.

Wider Erwarten bestand Ursula diesen Prüfungsteil. Geflügel berührte jedoch nie wieder ihren Gaumen.

Spalten

Klaffende Trennflächen existieren nicht nur im Gestein und Eis. Sie durchziehen auch unsere Gesellschaft.

Spalten: aufreißen, auseinanderbringen, entzweien, schlitzen, trennen, zerhacken, zerlegen, Zwietracht säen.

Spalten sind ebenso ein Nebenprodukt unserer globalen Arbeitswelt, eine Folge von Fusionen und Übernahmen. Ihr Schöpfer ist die Angst, vor allem die Existenzangst – Immobilien müssen abbezahlt werden, die Ausbildung der Kinder finanziert, ... Angst riecht, Angst spaltet. Dieser eigentlich sinnvolle evolutionäre Schutzmechanismus wirkt dann kontraproduktiv und blockiert das Handeln, das Neue wird abgelehnt, trotz Einflussnahme eines *Change Managements*. Die Einheit, essenziell für organisierte Gebilde, wird gesprengt. Menschen verlieren ihre Würde.

Lena arbeitete in einer Firma, die einschneidenden Umstrukturierungen entgegensteuerte. Die alte Geschäftsführung war durch eine neue Führungsriege ersetzt worden, die die Fusion mit einem italienischen Konzern vorantreiben und abwickeln sollte. Sie war für das neue Management eingestellt worden und gehörte damit aus Sicht der langjährigen Mitarbeiter zum feindlichen Lager. Zwei spaltenrelevante Phasen entwickelten sich im Verlaufsprozess.

Je näher die Fusion rückte, desto mehr zeigten Mitarbeiter auffällige Verhaltensmuster, die Gedanken an einen zivilisatorischen Rückschritt aufkommen ließen. Toiletten wurden mit Fäkalien beschmiert. Einige Büros rochen zunehmend nach Alkohol. Den Flachmann bewahrte man gut versteckt in der Schreibtischschublade auf.

Da nur ein Teil der Belegschaft nach der Fusion ihren Arbeitsplatz behalten würde, wurden vermehrt vermeintliche Vergehen von Kollegen an Vorgesetzte gemeldet. Auch in unserer demokratischen Gesellschaft leben Blockwarte in Firmen weiter. Fortan lauerte an jeder Ecke der Argwohn. Die Geschäftsführung tolerierte dieses Treiben. *Divide et impera* – „teile und herrsche!", nach dieser Maxime handelten schon die Römer.

Auf die Fusion folgte die zweite Spalten-Phase: Jetzt prallten zwei unterschiedliche Unternehmenskulturen aufeinander. Das italienische Management kleidete sich zwar stilvoll, aber von nun an stand dem gewohnten Freigeist das gelebte Patriarchat gegenüber.

Auch Lena entwickelte sich mit der Zeit zu einem gespaltenen Organismus. Ihre lähmenden Rückenschmerzen konnte sie nur mit starken Schmerzmitteln betäuben. Aber sie hielt durch. Zumindest sah sie ihre Abfindung am Horizont winken.

Politisch inkorrekt

Worte werden gezielt eingesetzt, auch zum Zwecke der Diskriminierung, oder aber sie werden ausgewählt, da sie etwas meinen, was einem vertraut ist.

Mein amerikanischer Freund besuchte mich das erste Mal in Deutschland. Es war die Zeit, bevor politische Korrektheit bei uns ein Thema war. Als junger Mann war er bereits durch Europa gereist und hatte auch Deutschland besucht. Den hiesigen Fleischgerichten und dem Bier war er besonders zugeneigt. Ich wiederum stand mehr auf süße Konditoreiware.

Nun hatte er eine Deutsche an seiner Seite, die ihm detaillierte Einblicke in die Esskultur ihres Landes geben wollte. Dazu gehörte das Übersetzen und Beschreiben der Gerichte auf den Menükarten der Gasthäuser und auch von Essbarem in den Schaufensterauslagen.

Bei unserer Stadttour kamen wir an einer Konditorei vorbei. Schon erspähte ich eine von mir favorisierte Süßigkeit, die man heute Schaumkuss oder Schokokuss nennt. In jenen Tagen hieß der gesüßte Eiweißschaum mit Schokoladenüberzug noch Mohrenkopf oder Negerkuss. Geschwind übersetzte ich den Namen ins Englische. Fassungslos sah er mich danach an und sagte auf Englisch: „Was hast du gesagt ... das ist rassistisch!"

Geschockt stockte ich inmitten meiner enthusiastischen Erläuterungen. „Die Leute meinen es nicht so", versuchte ich einzuwenden. „Es ist doch was Süßes!"

Mittlerweile esse ich diese Schaumzuckerware nicht mehr. Die begriffliche Auseinandersetzung hatte mir unwiederbringlich den Appetit verdorben.

Der unbedachte Sprung

Das kleine Mädchen war eine Sportlerin mit einer ausgezeichneten Sprungleistung. Sie hatte sogar schon an dem Schulsportwettbewerb „Jugend trainiert für Olympia" teilgenommen. Auf ihre Beine konnte sie sich verlassen. Wie jedes Jahr verbrachte sie auch heuer die Sommerferien auf dem Bauernhof ihrer Großmutter.

Eines Tages fuhren sie in ein Moorgebiet. Ihr Onkel wollte dort die Zäune kontrollieren. Übermütig verfolgte sie die bunten Schmetterlinge. Dann sah sie einen Zaun. „Den Zaun schaffe ich mit Leichtigkeit", sagte sie sich und setzte zum Sprung an. Sie berücksichtige hingegen nicht den weichen, sumpfigen Boden, den sie beim kraftvollen Abstoßen niederdrückte, wodurch der Zaun deutlich an Höhe gewann. Während sie dies erkannte, blieb sie auch schon mit einem Bein im Stacheldraht hängen. Die Wunde war beachtlich.

So hatte sie damals auf schmerzvolle Weise erfahren: Muskelkraft ist nicht alles. Es zählt ebenso das dazugehörige Köpfchen.

Lust

Ein feister Priester aus Rom besuchte die Pension, in der Johanna kochte und servierte. Das Zölibat war für ihn kein Problem. Er hielt sich begeistert an anderen leiblichen Genüssen schadlos.

In seiner Gastpredigt rief der Mann Gottes freilich mit donnernder Stimme zur Mäßigung auf.

Dessen ungeachtet verwöhnten ihn die Pensionsinhaber mit Köstlichkeiten, denen er sich lustvoll hingab.

Am Abend legte Johanna das frisch gebackene Brot, das der Priester am nächsten Tag mitnehmen wollte, in seiner Verpackung auf den Küchentisch, wohl wissend, dass es dort nicht sicher vor dem Schäferhund Beppo war. Spätabends begehrte der Priester noch eine Tasse Kaffee. Johanna, die eigentlich ins Bett wollte, dosierte für eine ganze Kanne, brühte aber lediglich Wasser für eine Tasse auf. Auch Beppo hatte ganze Arbeit geleistet. Am nächsten Morgen lag die Verpackung des Brotes auf dem Boden und nur einige Krümel verrieten den vormaligen Inhalt.

Als Gastgeber und Belegschaft den Priester verabschiedeten, erhielten alle einen Handschlag, außer Johanna.

Bitte eine neue zweite Haut, aber exquisit!

oder

Der olfaktorische Preis für *Preloved Fashion*

Sie hatte einen Entschluss gefasst. Ihr neues Lebensgefühl wollte sie auch optisch zum Ausdruck bringen. Das bedeutete: Weg mit den alten Klamotten! Jetzt waren perfektes Design, exzellente Verarbeitung und hochwertige Materialien gefragt. Einziger Haken: Mit ihrem Budget konnte sie unmöglich Neuware der Luxusdesigner finanzieren. Aus zweiter Hand war daher ihre einzige Option. Und Vintage-Designermode lag schließlich voll im Trend.

„Kleider machen Leute", das wusste schon Gottfried Keller, als er seine Novelle über einen armen, aber gut gekleideten Schneidergesellen verfasste, der ein wohlhabendes Fräulein für sich gewinnen konnte. Gegen einen wohlhabenden Mann an ihrer Seite hätte auch sie nichts einzuwenden, Glamour und Statussymbole spielten freilich für sie keine Rolle.

Preloved Fashion, schon vorher geliebte Mode, ist eine euphemistische Bezeichnung für Secondhandkleidung und heutzutage eine prosperierende Branche.

Also bestellte sie ihre ersten Luxusdesigner-Kleidungsstücke. Als das Paket eintraf, öffnete sie die Verpackung in freudiger Erwartung. Diese schlug jedoch geradewegs in eine olfaktorische Ernüchterung um. Es roch nach abgestandenen menschlichen Körperdüften, die sich zu einem überwältigenden „Kakogeruch" formierten. Was hätte Patrick Süskinds Jean-Baptiste Grenouille wohl dazu gesagt?

Dieser Kleidung fehlte es offensichtlich an Liebe, sprich Pflege. Dem Zustand nach zu urteilen, nannten bereits mehrere Besitzerinnen sie ihr Eigen. Hatten die Designerteile die ihnen zugedachte Funktion erfüllt, wurden sie wieder online gestellt und durch neue alte ersetzt. So vervielfältigte sich der Geruch von Frau zu Frau. Mief und Luxus bildeten hier eine paradoxe Liaison.

Aus diesem Grund wollte sie von der „schon vorher geliebten Mode" erst einmal Abstand nehmen. Ihre alten Kleidungsstücke und Accessoires rochen zumindest nach ihr – und eigentlich standen sie auch ihrem neuen Lebensgefühl nicht im Weg.

Der ehemalige Stasi-Mitarbeiter

Er war ein Offizier im besonderen Einsatz des Ministeriums für Staatssicherheit der DDR. Dann kam die Wende. Dieser Umstand erzeugte aber keinen Karriereknick für den Mann aus dem Osten. Ein amerikanischer Konzern mit Niederlassung im Westen Deutschlands nahm ihn freudig unter Vertrag. Zu seinen Stärken gehörte, Mitarbeiter unter Kontrolle zu halten und so für einen reibungslosen Ablauf zu sorgen. Widersetzte sich ein Mitarbeiter, dauerte es nicht lange, bis ein Grund gefunden, gegebenenfalls auch mit manipulierten Fakten, und der Mitarbeiter dem Entsorgungskreislauf zugeführt wurde. Der Konzern billigte sein Treiben, denn der Umsatz stimmte.

Seine Art der Informationsgewinnung basierte zumeist darauf, Untergebene im Konzern und bei den Kunden durch gespielte Vertraulichkeit einzuwickeln und auf diesem Wege Tatsachen oder Gerüchte aufzufangen – je nach Bedarf, waren deren Übergänge für ihn sowieso fließend.

Auch die Assistentin seines direkten Vorgesetzten versuchte er durch Schmeicheleien auf seine Seite zu ziehen. Die durchschaute jedoch sein Spiel und öffnete sich nicht als Quelle. Nur durch kluges Taktieren entging sie knapp der forcierten Entsorgung.

Erst als ein neuer Leiter für die Abteilung im Gespräch war, geriet sein Fundament ins Wanken. Dieser nämlich kam aus der Firma und war selbst Opfer seiner Intrigen geworden. Der Anwärter machte zur Voraussetzung für die Übernahme des Postens, dass der ehemalige Stasi-Mitarbeiter seinen Platz räumen musste.

Am Tag, als er seinen Auflösungsvertrag am Firmenstandort unterschrieb, lagen sich die Assistentin und ihr neuer Vorgesetzter erleichtert in den Armen.

Das Vorstellungsgespräch

Die Vorstellungsrunde begann bei einem Headhunter mit Blick auf den Züricher See. Das Gespräch verlief positiv, und bald hatte sie den zweiten Vorstellungstermin bei einer internationalen Organisation in Genf.

Ihr Termin war auf den Vormittag festgelegt. Dies bedeutete ein knappes Zeitfenster: zuerst mit dem Zug zum Flughafen und danach weiter mit dem Flugzeug zum Zielort.

Frühmorgens musste sie jedoch auf dem Bahnhof feststellen, dass der Zug zum Flughafen ausfiel. Auf dem Bahnsteig stand in ihrer Nähe ein sympathischer Mann, der ihre Beunruhigung über den ausgefallenen Zug teilte. Er wollte nach London zu einem Meeting und lächelte sie interessiert an. Das gegenseitige Kennenlernen wurde unterbrochen, da endlich ein Ersatzzug in den Bahnhof einfuhr. Auf dem Flughafen trennten sich ihre Wege.

Nach ihrer Ankunft in Genf musste sie lange auf ein Taxi warten, worüber sie bereits im Vorfeld informiert worden war. Allerdings war diese Wartezeit nicht bei der Terminplanung berücksichtigt worden.

Während das Taxi entlang des Genfer Sees fuhr, zweifelte sie, ob sie noch rechtzeitig ankäme.

Beim Betreten des Gebäudes der besagten Organisation schloss sich der Eingangsbereich automatisch wie in einem Lift, und ein Scanner durchleuchtete sie im Dunkeln. Als die Tür wieder aufsprang, verlor sie kurz die Orientierung.

Das erste Gespräch mit dem Personalchef war auf Englisch, das zweite mit dem Vizedirektor auf Deutsch. Aus den gestellten Fragen konnte sie entnehmen, dass Letzterer über ein Mikrofon, vermutlich samt Kamera, ihr Gespräch verfolgt hatte. Die Überwachung innerhalb dieser Organisation dehnte sich anscheinend über den Eingangsbereich hin aus. Dann war ihr Termin zu Ende.

Heute war ein ereignisreicher Tag, den man zum Unterhalten einer Tischrunde nutzen könnte, sinnierte sie auf dem Rückweg. Aber dieser Tag gehört nicht in meine Welt.

Die fremde Wäsche

Gabriela und ihr Ehemann lebten in einem Wohnhaus mit ständig wechselnden Mietern. Daher wurden nachbarschaftliche Kontakte so gut wie gar nicht gepflegt.

Seit geraumer Zeit hatten sie Gewissheit, dass jemand ihre Waschmaschine im Waschkeller ungefragt benutzte. Da sie eine Wacht an der Maschine nicht realisieren konnten, mussten sie die Person auf frischer Tat ertappen.

Eines Tages hatten sie Glück – die fremde Wäsche war noch in ihrer Maschine. Gabriela und ihr Ehemann wollten der betreffenden Person eine Lektion erteilen und entschieden sich für eine rabiate Methode. Sie zerschnitten die gesamte Wäsche und entsorgten sie hiernach in der Mülltonne. Plötzlich wurde es im Haus hektisch. Sie hörten jemanden zuerst in den Keller laufen und hinterher nach draußen. Von ihrem Fenster aus beobachteten sie, wie dann ein junger Mann die Mülltonnen durchsuchte und sein Gesicht, als er in einer fand, was er suchte.

Ihre Waschmaschine wurde nie wieder ungefragt benutzt.

Die Zuckerdose im Kühlschrank

Ich besuchte die fünfte Klasse des Gymnasiums. Wir hatten für den nächsten Deutschunterricht die Hausaufgabe erhalten, ein Thema nach eigenem Gutdünken zu wählen, allerdings sollten wir dabei eine Handlungsabfolge genau beschreiben.

Meine Mutter war eine Virtuosin des Kaffeetischdeckens. Alles war bei ihr aufeinander abgestimmt: Erlesenes Geschirr mit den farblich passenden Servietten und Kerzen. Dazu wurden die Servietten nach einer bestimmten Technik gefaltet und auf den Teller samt Kuchengabel gelegt. Schon als kleines Kind verfolgte ich fasziniert die einzelnen Handgriffe meiner Mutter.

Also wählte ich das Thema „Gäste kommen, und ich decke für Kaffee und Kuchen den Tisch". Der Text ging flüssig von der Feder. Meine Buchstaben waren wohlgeformt, und kein Tintenklecks verunstaltete das Papier. Ich erreichte die Passage, in der ich die Zuckerdose aus dem Küchenschrank nahm, aber in Gedanken war ich bereits bei der Sahne, sodass ich stattdessen Kühlschrank schrieb. Ich bemerkte den Fehler, war aber weder bereit, den Text nochmals aufzusetzen, noch das Schriftbild durch Ausstreichen eines Wortes und Überschreiben eines neuen zu verunstalten. Demzufolge holte ich anschließend die Sahne aus dem Küchenschrank, da der Kühlschrank ja bereits vergeben war. Den unsinnigen Charakter meines Textes nahm ich dabei billigend in Kauf.

Wie sollte es auch anders sein - auch ich wurde dazu auserwählt, mein Werk der Klasse zu präsentieren. Beim Vorlesen versäumte ich jedoch, die beiden Aufbewahrungsorte zu vertauschen.

Als ich geendet hatte, fragte die Lehrerin in die Runde, ob jemand etwas dazu sagen wolle. Schon meldete sich eine beflissene Mitschülerin und korrigierte die Aufbewahrungsorte von Zuckerdose und Sahne. Die Lehrerin schmunzelte, ich aber war verärgert. Hätte ich doch nur Inhalt vor Schönheit gestellt!

V. Beobachte und staune!

Das Streben nach Vollkommenheit

Lassen wir die Viren und Bakterien außer Acht, beherrscht der Mensch unseren Planeten. Der aufrechte Gang, die feinmotorischen Hände und die kontrollierte Feuernutzung haben ihn zu einem dominierenden Geschöpf gemacht. Wäre da nicht tief in seinem Innersten das Bewusstsein der eigenen Unzulänglichkeit. Goethe formulierte es treffend: „Vollkommenheit ist die Norm des Himmels, vollkommenes Wollen die Norm des Menschen".

Des Menschen Schönheitsempfinden basiert allerdings auf einem irrationalen Zahlenverhältnis. Entspricht das Verhältnis des Ganzen zu seinem größeren Teil dem Verhältnis seines größeren zu seinem kleinen Teil, sprechen wir vom Goldenen Schnitt. Ein Annäherungswert ist fünf Achtel. Seit Jahrtausenden wird diese Verhältnismäßigkeit in Kunst und Architektur umgesetzt.

Vollkommene Schönheit in Verbindung mit einem irrationalen Bruch – dies ist eines der Paradoxa unseres Lebens.

Der Mensch strebt nach dem Vollkommenen als Spiegelbild des absolut Göttlichen. Selbst epische Helden, wie der babylonische Gilgamesch, besaßen nur einen Anteil von zwei Drittel Göttlichkeit. Drei zu zwei ist das kosmische Verhältnis von himmlisch zu irdisch. Und ganz nebenbei bemerkt sind wir Menschen mit paarweise angeordneten Körperteilen und Organen auf Zweipoligkeit ausgerichtet. Gut und Böse etwa sind bipolare Werte in unserem ethischen Bewusstsein. Die Zahlen sind also der Fingerabdruck unseres Lebens.

„Die Natur ist in der Sprache der Mathematik geschrieben", folgerte scharfsinnig Galileo Galilei. Ein verblüffendes Additionsgesetz ist dabei die Fibonacci-Folge, die sich wiederum dem Verhältnis des goldenen Schnitts annähert. Demnach bildet sich der neue Zahlenwert aus der Summe der beiden vorangehenden. Nicht nur die Anordnung der Kerne einer Sonnenblume folgt dieser mathematischen Regel.

Ich betrachte staunend die Welt und erfreue mich an ihrer immanenten Gesetzmäßigkeit. Selbst im Chaos entsteht noch Ordnung.

Die verhinderte Almosengabe

Im Winter, wenn die Kastanienbäume keine Blätter trugen, hatte ich von meinem Schreibtisch aus einen guten Blick auf den Platz unter meinem Fenster. Ich schrieb gerade auf dem Computer, als ich eine Gruppe von drei Personen wahrnahm. Ein lebendiger Stummfilm lief vor meinem Fenster ab, der mich derart fesselte, dass ich den gesprochenen Dialog in Gedanken ergänzte.

Ein einfach gekleideter Mann mit Rucksack ging zielstrebig auf zwei Frauen zu. In der Hand hielt er einen Zettel, den er der femineren, einer Schlanken mit Pferdeschwanzfrisur, entgegenstreckte. Die machte sich umgehend daran, ihre Handtasche zu öffnen. Die andere, kurzhaarig und kräftig gebaut, berührte daraufhin heftig erregt die Gebefreudige am Arm. Über ihre Mimik und Gestik signalisierte sie ihrer Begleiterin, vom mildtätigen Unterfangen abzulassen. Die Weisung wurde verstanden und die Handtasche schloss sich wieder. Alle drei gingen danach ihrer Wege, wobei die offensichtlich Dominante auch weiterhin auf die anscheinend Devote einredete. Beim Blumengeschäft angekommen, bogen die beiden Frauen um die Ecke. Ich dagegen blieb betroffen zurück.

Die Wolken

Wenn im Sommer ein warmer Wind über das Land weht, genieße ich es, im Gras zu liegen und meinen Blick nach oben zu richten. Ich beobachte die Wolken mit ihren weißen Konturen, die sich deutlich vom blauen Himmel abzeichnen. Sie schweben leicht dahin und passieren dabei unzählige Landesgrenzen.

Wind, Luftdruck und Temperatur bestimmen ihren Werdegang. Die Großwetterlage beschert ihnen dabei keine monotone Existenz. Auf ihrem langen Weg treffen sie auf andere Formationen und gehen Liaisons ein. Sie erfüllen den nüchternen Wetterbericht mit Leben. Betrachte ich die Wolken, verstehen meine Augen.

Ich genieße ihre friedvolle Präsenz, wenn sie gemächlich über den Himmel ziehen. Gedanken über ihre dunkle Seite blende ich aus. Die luftigen Reisenden ermutigen mich, die Leichtigkeit zu umarmen.

In naher Zukunft werde auch ich mich auf die Reise begeben. Vielleicht sehe ich sie dann wieder – bei Hochdruck auf den Azoren oder in Island inmitten eines Tiefs.

Das klickende Geräusch

Ein eisiger Wind fegte über die Straße und ließ sie frösteln. Um Muskelwärme zu erzeugen, bewegte sie fortwährend ihre Beine. Aus den Augenwinkeln heraus konnte sie erkennen, dass eine neben ihr stehende ältere Dame sie intensiv beobachtete. Plötzlich fragte diese, ob das Geräusch von ihren Laufschuhen käme. Sie verneinte, ihre Schuhe hätten leise Sohlen, und auch ihre Gelenke klapperten noch nicht.

Dann konzentrierte sie sich auf das besagte Geräusch. Sie stellte fest, dass es sich hierbei um ein akustisches Signal für Blinde und Sehgeschädigte handelte. Hatte die Dame etwa das Klicken mit Steppschuhen assoziiert? Eigentlich hätte sie dieses Signal doch erkennen müssen! Als die Ampel auf grün schaltete, setzte die Läuferin ihren Weg fort und überlegte weiterhin, ob die Frage einfach nur Nähe aufbauen sollte. Schließlich legte sie ihre Gedanken beiseite und erhöhte die Geschwindigkeit.

Spekulationen führen zwar zu Erkenntnis - aber wahre Erkenntnis ist Gegenstand der Philosophie, nicht eines Laufs.

Im Bann der Hormone

Das Zusammenspiel von Hormonen und Nervensystem erzeugt eine Wirkung. Alle höheren Lebewesen werden mehr oder weniger durch diese biochemischen Botenstoffe gesteuert, wobei zu diskutieren wäre, inwieweit der freie Wille des Menschen darauf Einfluss nehmen kann - aber das ist eine andere Geschichte.

Ich hatte mich mit einer Freundin morgens auf den Weg gemacht, einen nahegelegenen Hausberg zu besteigen. Die Frühlingstagundnachtgleiche war vor einigen Tagen, die Natur erwachte wieder zu neuem Leben. Dies bedeutete Laichzeit für die Frösche und Frühlingsgefühle für den Menschen.

Im Tal kamen wir an einem Bach vorbei. Neben der geteerten Strasse hatten hilfreiche Hände einen niedrigen Schutzzaun errichtet. Manchen besonders schlauen der quakenden Exemplare war es trotzdem gelungen, diesen Zaun zu überwinden.

Die Frösche waren paarweise unterwegs - Weibchen trugen klammernde Männchen Huckepack.

In dieser Situation erkennen sie selbst tödliche Gefahren nicht. Alles was zählt, ist die Fortpflanzung.

Auf unserem Rückweg kamen wir am selben Bach vorbei. Ein Männchen saß auf einem überfahrenen Weibchen. Als die Freundin dieses tragische Paar sah, rief sie bewegt: „Er trauert um sein Weibchen!“ Ich vermutete stattdessen, dass ein hormongetriebener Frosch prinzipiell nicht zwischen lebenden und toten Körpern unterscheidet.

Auch menschliche Hormone führen bisweilen zu irrationalen Taten: Wenn wir etwa Frösche küssen in Erwartung eines Prinzen.

Das fulminante Ende der Schneetropfen

H_20 ist eine wandlungsfähige Verbindung aus Wasser- und Sauerstoff. Erst H_20 ermöglichte die Entstehung von Leben auf unserem Planeten. Das flüssige Wasser, das feste Eis und der gasförmige Wasserdampf sind dabei im ständigen Wandel.

Nehmen wir die Schneeflocken als Beispiel. Sie bestehen aus feinen Eiskristallen, die sich aus Wassertropfen bildeten. Fallen Sonnenstrahlen auf diese Eiskristalle, verlieren sie an Substanz und gehen schließlich in den flüssigen Zustand über beziehungsweise verdampfen. Dies ist jedoch nicht alles. Bricht sich das Licht in H_20, folgt ein Farbspektakel. Exakt am Übergang von den Eiskristallen zum flüssigen Zustand, das heißt im Moment ihres Zerfalls, reflektieren die Schneetropfen in allen Regenbogenfarben. Jetzt beginnt ein fulminantes Spiel, vergleichbar mit bunten Feuerwerkskugeln am Himmel. Erfolgt die Sonneneinstrahlung aus einem bestimmten Winkel, beginnen binnen kurzer Zeit die Zweige eines verschneiten Baums in verschiedenen Farben zu blinken.

Leben ist Wandel. Und Wandel birgt Schönheit und Verfall.

Die Nachahmerin

Der scharfzüngige Oscar Wilde vertrat die Ansicht, dass Nachahmung die aufrichtigste Form der Schmeichelei sei. Wann immer die Nachahmerin mich in ein Gespräch verwickelt, rufe ich mir Wildes Worte ins Gedächtnis.
Man sagt mir nach, nonkonformistische Ansätze zu verfolgen und neue Wege zu beschreiten. Folglich bin ich eine willkommene Fundgrube für all jene Menschen, die Impulse benötigen. Treffe ich die Nachahmerin, lauscht sie begierig meinen Worten. Ihre Augen fixieren meinen Mund als Sprachrohr meines Geistes. Jedes einzelne Detail wird erfasst und abgespeichert. Sie nickt zustimmend, während ich meine Forschungsergebnisse und Ideen rezitiere. Sie signalisiert, dass wir beide im selben geistigen Horizont angesiedelt sind. Darüber kann ich allerdings nur schmunzeln.
Ich diene ihr als stimulierende Quelle. Lese ich ihre Texte, erkenne ich mich darin wieder. Erst wenn ich versiege, wird sie das Gespräch nicht mehr suchen.

Auf Spurensuche

Der Vater pflegte über seine beiden Töchter zu sagen: Die eine gräbt in der Seele, die andere in der Erde.
Wird die Archäologin nach ihrer Tätigkeit befragt, antwortet sie, dass es sich hierbei um eine Art Detektivarbeit handelt. Sie begibt sich auf Spurensuche, nur dass zum Beispiel die „Leiche" schon lange tot ist und man nach dem Auffinden keine Anklage gegen einen Täter erhebt. Zudem fehlt im Allgemeinen ein Geständnis. Die von den Laien unter der Erde vermuteten Reichtümer gehören freilich selten zu den Funden. Demgegenüber trifft man zuhauf auf einfache Gebrauchskeramik, keine großen Kunstwerke, aber wichtig für die Datierung der gefundenen Gegenstände.

Während der Grabung in exotischen Ländern riecht es auch nicht nach Abenteuerlust, wie Filme suggerieren, sondern nach Staub. Die Grabungsteilnehmer mit all ihren Marotten leben überdies auf engem Raum miteinander und bieten damit ein ideales Terrain für Sozialstudien unter Extrembedingungen.

Eine weitere wichtige Säule auf dem Weg zur Erkenntnisfindung ist neben der Grabung die wissenschaftliche Arbeit am häuslichen Schreibtisch und in der Bibliothek. Publikationen müssen unter die Leute gebracht werden, zum einen um Kenntnisse zugänglich zu machen - schließlich will auch die Verwendung von Steuergeldern gerechtfertigt sein - zum anderen zwecks Profilierung des Schreibenden. Dazu benötigt es einer langen Publikationsliste, bedauerlicherweise nicht selten nach US-amerikanischem Vorbild durch leicht variierte Beiträge mit gleichem Inhalt.

Als Wissenschaftlerin übt sie zudem Kritik am vereinfachten Bild der kulturellen Entwicklung. Die Archäologen werden sich erst dann der vergangenen Wirklichkeit annähern können, wenn sie nicht nur das finden, was sie bereits kennen.

Die Klassentreffen

Mit dem nötigen Abstand können Klassentreffen unterhaltsam sein. Hierbei geht es vor allem um Blüte und Verfall der Beteiligten.

Es gibt im Großen und Ganzen drei Beweggründe, an Klassentreffen teilzunehmen:

Echtes Interesse an den ehemaligen Klassenkameraden, Nutzung als Selbstinszenierung und Studium menschlicher Werdegänge aus der Beobachterperspektive, was schließlich in Dankbarkeit gegenüber dem eigenen Schicksal mündet.

Bei den anfänglichen Treffen nach dem Schulabschluss dominiert der erste Beweggrund. Die Mitschüler schwelgen noch in gemeinsamen Erinnerungen. Mancher der progressiven Schüler ist bieder geworden und umgekehrt. Das Leben ist ein Experiment.

Je größer der Abstand zur Schulzeit wird, desto mehr überwiegen die beiden anderen Beweggründe. Nach Ausbildung oder Studium befinden sich die vormaligen Mitschüler im Berufsleben. Sie stehen in der Blüte ihres Lebens, die Grundeinstellung ist meistens positiv. Die Welt steht zwar nicht mehr komplett offen, aber man ist willig für das Idealbild eines schönen Lebens zu kämpfen. Langsam stellt sich der ein oder andere Prahler ein.

Mit den weiteren Treffen wendet sich langsam das Blatt. Ein schönes Leben führen die wenigsten. Und wenn ja, haben sie meistens einen hohen Preis dafür bezahlt. Zudem sieht man nun die Anzeichen eines körperlichen Verfalls. Der ehemals Angehimmelte ist nun grau und faltig. Man ist froh, dass es bei der Schwärmerei blieb. Langsam übernimmt der Lebensfrust die Oberhand, und vereinzelt existieren durchaus groteske Verhaltensmuster.

Aus der Komödie wird zunehmend eine Tragödie. Der Beobachter muss sich jetzt die Frage stellen, ob er dieses Genre mag. Falls nicht, wird er die Klassentreffen in Zukunft meiden und die Komödie woanders suchen.

Die Körpersprache eines unbekannten Mannes

Wir bedienen uns zweierlei Sprachen, wenn wir mit unserer Umwelt kommunizieren: Der verbalen Sprache und der Körpersprache, die als visuelle Signale wahrgenommen wird.

Gehe ich durch die Straßen, lasse ich meinen Gedanken freien Lauf. Selten achte ich dabei auf Passanten und deren Körpersprache. Arbeite ich dagegen am Schreibtisch, bietet mitunter die menschliche Physiognomie eine willkommene Zerstreuung.

Es war einer dieser unsäglichen Tage, an denen weder die Kreativität noch der analytische Verstand Höhenflüge vollführen würden. Als ich das Fenster aufmachte, kroch der üble Geruch des am Ortsrand angesiedelten Zementwerks ins Zimmer. Der Hochnebel drückte tief ins Tal, wobei das trübe Licht dem Draußen einen schemenhaften Charakter verlieh.

Plötzlich erschien, wie auf einer improvisierten Bühne, ein Mann im waldgrünen Lodencape. Mit energischen Schritten und hoch aufgerichtetem Körper lief er den Bürgersteig entlang. Seine grauen Haare hatten schon lange keinen Schnitt mehr gesehen.

Der Anblick, der so gar nicht ins biedere Straßenbild passte, weckte mein Interesse. Ich dachte unwillkürlich an einen einsamen Wolf, der sich durch die Höhen und Tiefen des Lebens schlug. Der Mann wirkte angespannt, eine unterschwellige Wut war vermutlich ständig präsent. Er war kein Zauderer, vielmehr ein Zielstrebiger. Aber seine Körpersprache verriet, dass seine Umstände alles andere als harmonisch waren.

In den folgenden Tagen sah ich ihn jeweils zur selben Uhrzeit. Nur für einen kurzen Moment begleiteten ihn meine Augen. Immer mit dem grünen Lodencape bekleidet und das Haar zerzaust, gewann er zügig Meter.

Eines Tages gehörte er der Vergangenheit an. Auf eine Art vermisse ich seine eigenwillige Erscheinung. Er schien mir so vertraut, obwohl ich ihn nicht kannte.

Gut braucht Hut
(Deutsches Sprichwort)

Sie liebte Hüte, und einige Huttypen schmeichelten ihr. Dazu gehörte der Fedora. Hüte trügen nur blasierte Leute und die Bourgeoisie, das hatte sie schon oft gehört.

Sie zog ins bayerische Oberland, wo Hüte ihren festen Platz im Trachtenbrauchtum hatten. Jetzt konnte sie ihre Hüte unbehelligt tragen, so glaubte sie zumindest. Der Fedora in Strohausführung, den sie sich dort für den Sommer zulegte, war indes älteren Männern vorbehalten. Indem sie nicht die lokalen Vorgaben befolgte, zwar ungeschrieben, aber dennoch verbindlich, erzeugte sie Verwirrung unter den Einheimischen.

An einem Sommertag wanderte sie mit ihrem besagten Fedora in den Bergen. Als der Weg steil anstieg, und sie ihn soeben mit flotten Schritten bewältigte, kamen ihr zwei junge Männer entgegen. Als sie in ihrer Nähe waren, hörte sie den einen zum anderen sagen (Wortlaut ins Hochdeutsche übersetzt): „Das ist doch eine Frau und kein Mann, und so alt ist die auch wieder nicht."

Der Sommer ist nicht mehr

Grün, gelb, rot ... tot.

Mein Blick schweift in die Ferne.
Das gleißende Licht des Sommers ist nicht mehr. Ein feucht-kühles Gemisch erobert langsam die Atmosphäre. Die Tage werden kürzer, die Schatten länger. Weiches Licht. Gedämpfte Geräusche. Ein feiner Schleier umhüllt die Gegenwart. Bald wird das Vertraute nicht mehr sichtbar sein. Die Anzeichen des Herbstes sind unverkennbar.

Mein Blick schweift in die Nähe.
Die grüne Pracht der Bäume ist nicht mehr. Noch sind die Farben bunt, aber dann und wann löst sich ein Blatt aus dem Verband und gleitet sanft zu Boden. Eine erdige Schwere steigt auf und konkurriert mit der leichten Brise. Überall Abschied. Bald liegen die Felder brach in Erwartung des Winters. Die Anzeichen des Herbstes sind unverkennbar.

Wärme und Kälte, Wachstum und Verfall, Glückseligkeit und Traurigkeit – alles vereint in einer Jahreszeit.

Nur das Ergebnis zählt!

Er war von schmächtigem Wuchs. Seine Haut war hell, die Haare blond. Ein genetischer Klon seines Vaters war der Sohn. Seiner Ehefrau sah man ebenso ihre nordeuropäische Herkunft an.

Als Umstrukturierungen in einer krisengeschüttelten Firma anstanden, war er der richtige Mann für den zu besetzenden Direktorenposten. Sein Führungsstil beinhaltete, permanent Druck auf die Mitarbeiter auszuüben und sie zu schikanieren. Sein Motto: Nur das Ergebnis zählt! Als gläubiger Baptist ging er regelmäßig in die Gemeinde und sang im Gospelchor. Abgesehen von seinen religiösen Verpflichtungen war sein Leben komplett auf die Arbeit ausgerichtet. So kam es, dass seine Ehefrau für gewöhnlich in den Ferien alleine mit dem Sohn in die Finca nach Spanien fuhr.

Die Ehefrau wurde wieder schwanger. Irgendwann hing ein Foto seiner neugeborenen Tochter und die Bildunterschrift „Gott hat sie uns gegeben“ an der Wand in seinem Büro. Doch seine Tochter sah so gar nicht nordeuropäisch aus.

Die Mitarbeiter frohlockten: „Nur das Ergebnis zählt!“

Der Magnum-Index

Untersuchungen haben ergeben, dass in Krisenzeiten der Lippenstiftkonsum ansteigt. Dann suchen vorrangig Frauen nach einem finanzkräftigen Partner. Mit dem Lippenstift setzen sie farbliche Akzente und heben sich aus der Masse ihrer Konkurrentinnen hervor. Demzufolge fungiert der Lippenstift als eine Art Wirtschaftsindex.

Dies gilt freilich nicht für den Eiskonsum per se. Eis wird immer gegessen, auch in konjunkturschwachen Zeiten. Führt man dagegen eine Erhebung zum Preis eines bestimmten Eises durch, lässt sich die Kaufkraft einer Region an deren Ergebnis ablesen.

Nach meinem Umzug begann ich alsbald, das bayerische Voralpenland mit dem Fahrrad zu erkunden. Angesichts des hügeligen Geländes gestaltete sich das Unterfangen oftmals recht mühsam. Für die erduldeten Strapazen belohnte ich mich mit einem Magnum. Ich kaufte dieses Eis mehr aus Gewohnheit, es hätte genauso gut eine x-beliebige andere Eissorte sein können.

Während meiner Touren erkannte ich schnell, dass der Preis

dieses Eises von Gegend zu Gegend variierte. Er korrelierte mit der Kaufkraft seiner Bewohner und Besucher. Daher verwundert es auch nicht, dass in Tegernsee ein eklatanter Preisanstieg zu verzeichnen war, ganz im Gegensatz zu Urfeld am Walchensee. Der Walchensee ist wie der Tegernsee ein beliebter Ausflugsort, aber es fehlt ihm eben an betuchten Anwohnern und der exklusive Ruf.

Immer wieder animiert mich mein Forschergeist zum Kauf dieses Eises. Letztlich wollen noch weitere Regionen über den Magnum-Index erschlossen werden, und auch das Radeln geht dann leichter.

VI. Tod und Vergänglichkeit

Der Weg ist frei

Die Frau öffnete die Tür. Der Mann zielte auf ihren Kopf und drückte ab. Die Frau brach tödlich getroffen zusammen.

Die Tochter trug es mit erstaunlicher Fassung. Ihre Mutter hätte zeitlebens dem Alkohol zugesprochen, zwei Ehen wären daran zerbrochen. Ihr letzter Ehemann hätte mit den Rechtsextremen sympathisiert, dessen Sohn mit der Witwe heftig um das Erbe gekämpft - so die Tochter zur Vita ihrer Mutter.

Nach und nach fielen mir die Unstimmigkeiten in ihren Schilderungen auf. Niemals hatte ihre Vergangenheit so existiert. Ihre Mutter hatte die einzige Konstante in ihrem Leben verkörpert, und die war jetzt tot.

Ich bot ihr meinen Beistand an. Doch dann sah ich - ihr Blick sprach von Erleichterung. Die letzte Verbindung zu ihrem realen Leben war durch den Schuss zerborsten.

Die Beerdigung

Heute war ihr Tag. Sie stand neu eingekleidet ganz im Bewusstsein ihrer Witwenschaft am Eingang zur Kirche und nahm die Kondolenzen wie Glückwünsche entgegen.

Schließlich begab man sich zur lateinischen Messe in die Kirche. Die Witwe setzte sich als Erste in die erste Reihe der Betstühle und somit auf einen Platz, der vom Mittelweg am weitesten entfernt war. Es folgten in derselben Reihe die jüngere Tochter des Verstorbenen samt ihrer Familie und als Letzte die ältere Tochter.

Nachdem die Messe gelesen war, betraten der Pfarrer und die Ministranten mit der Urne und dem Weihrauchfass den Mittelweg, der sie durch die Kirche zum Familiengrab auf den angrenzenden Friedhof führen sollte. Damit keine Lücke zur Urne entstünde, verließ die ältere Tochter, die dem Mittelweg am nächsten saß, den Betstuhl und war damit die Erste unter den Angehörigen hinter der Urne. An ihren singulär hallenden Schritten konnte sie erkennen, dass ihr keiner folgte. Sie hörte vielmehr Gezeter und Stimmengemurmel bei der ersten Betstuhlreihe.

Am Kirchenportal blieb sie stehen und drehte sich um. Mit deutlichem Abstand näherte sich jetzt ihre wütende Schwester. Es folgten einige Trauergäste zusammen mit der Witwe.

An der Grabstelle angekommen, zischte die jüngere Tochter der älteren zu: „Lass ihr den Vortritt!" Damit hatte diese kein Problem. Die Witwe hingegen weigerte sich, ans Grab zu treten. Erst als man sie nachdrücklich dazu aufforderte, nahm sie den Weihwasserpinsel aus der Schale.

Der Abschied von dem Toten hätte fast in einem Fiasko geendet. Die Witwe aber suchte sich eine neue Bühne für ihren zukünftigen Auftritt.

Das Alter

Du bist nicht mein Freund und wirst es nie sein. Sie sagen, dass man so alt ist, wie man sich fühlt. Aber spätestens bei der Arbeitsuche steht die Biologie deutlich über dem Gefühl. Deine lästigen Begleiter sind Realitätsflucht und Verfall.

Ich habe früh erkannt, dass ich dir mit Sport, gesunder Ernährung und mentaler Aktivität Paroli bieten kann. Eines Tages wirst du die Oberhand gewinnen, das weiß ich, gleichwohl kann ich das Ausmaß deines Einflusses mitbestimmen.

Stetig steigende Versicherungsbeiträge zeigen mir allerdings, dass die Entscheidungsträger unser aller Endstation im Pflegeheim sehen. Auch weil die zu deinem Gefolge gehörenden Gebrechen vielen Profit und Arbeitsplätze bieten.

Es wird wohl noch ein wenig dauern, bis mein langer Atem in einen kurzen übergeht. Dennoch höre ich in stillen Momenten den großen römischen Dichter Horaz aus tausend Schlünden tönen: „*Carpe diem*" – „nutze den Tag!" Hinter der nächsten Lebenskurve wartet vielleicht das Ende.

Zwei sind einer zuviel

Konkurrenz belebt das Geschäft. Ein nur von Konkurrenzdenken durchdrungenes Arbeitsklima begünstigt dagegen destruktive Kräfte, die sich in einer Katastrophe entladen können.

In einem naturwissenschaftlichen Forschungsinstitut arbeiteten ein Mann und eine Frau als Konkurrenten. Zwischen den beiden herrschte ein frostiges Klima, und ihr Kontakt beschränkte sich auf forschungsrelevante Gespräche.

In der Phase der Entscheidungsfindung für die Fördergelder überraschte eines Tages der Mann seine Kollegin mit einer Tasse Tee. Sofort signalisierte deren Bauchgefühl, dass hiermit etwas nicht stimmte. Sie lies den Tee auf Giftstoffe untersuchen - das Ergebnis war positiv.

Der Mitarbeiter war daraufhin nicht mehr tragbar für das Institut. Von einem auf den anderen Moment verlor er alles, wofür er jahrelang gekämpft hatte. In dieser Nach schnitt er sich die Pulsadern im Büro seiner Kollegin auf und verstarb.

Die alpine Scheidung

Ein Ehepaar machte sich in der kalten Jahreszeit auf den Weg, einen Berg zu besteigen. Sie wollte die Landschaft genießen, ihn trieben finstere Gedanken. Er hatte einen Entschluss gefasst: Frei sein wollte er und ein neues Leben beginnen. Heute war der Tag, sie für immer loszuwerden.

Etwas unterhalb des Gipfels führte er sie an einen ausgesetzten Panoramapunkt. Als sie ihm den Rücken kehrte, versetzte er ihr einen Stoß. Sie stürzte in die Tiefe. Mit Schrecken stellte er jedoch fest, dass sie verletzt, aber nicht tot, auf einem Felsvorsprung zum Halten gekommen war. Schnell stieg er durch den Schnee ab und versetzte ihr den finalen Stoß.

Wieder unten im Tal angekommen, meldete er seine Frau als vermisst. Sie hätten sich an einer Kreuzung getrennt, um unterschiedliche Wege zu nehmen, gab er zu Protokoll. Ihre Verwandtschaft dagegen war skeptisch, hing doch der Familiensegen schon eine ganze Weile schief.

Der mit dem Fall betraute Staatsanwalt flog eines Tages per Hubschrauber zu einem Termin. Während des Flugs erzählte er dem Piloten von diesem mysteriösen Fall, der ihn beschäftigte. Der Pilot konnte sich daran erinnern, dass er den betreffenden Berg am Tag der Vermisstenmeldung überflogen und sich über die Fußspuren am Felsvorsprung gewundert hatte. Nun dauerte es nicht mehr lange, bis der Mann ein Geständnis ablegte.

Der Zufall hatte seine dunkle Tat ans Licht gebracht. Er freilich konstatierte, „ach hätte ich nur meine Nerven im Griff gehabt und ihr einen heftigeren Schlag verpasst!"

Die Geldgier

Constanze lebte in einem Mietshaus über einer begüterten Frau im fortgeschrittenen Alter, die als gläubige Katholikin jeden Sonntag in die Kirche ging. Obwohl die Gier laut Katechismus der Katholischen Kirche zu den Todsünden zählt, war die Gier nach Geld der eigentliche Lebensantrieb dieser Frau. Und mit zunehmendem Alter wurde sie immer gieriger, entgegen jeglicher Vernunft.

Folglich war sie ein willkommenes Opfer für all jene Firmen, die ihren Profit über Telefongebühren kreierten, indem sie potentielle Kunden mit Briefwurfsendungen lockten. „Sie haben eine Millionen Euro gewonnen, aber diese müssen sie erst über folgende Nummer abrufen ...". Nun, es versteht sich von selbst, dass die Anrufer niemals ihre Millionen sahen, sondern angesichts gebührenpflichtiger Wartenschlagen nicht unerhebliche Kosten zu tragen hatten. Nichtsdestotrotz wählte sich die Frau immer wieder ein. In einem Monat war ihre Telefonrechnung besonders hoch.

Die Frau konsultierte deswegen die Verbraucherzentrale, die auch mit dem Argument ihres hohen Alters durchsetzen konnte, dass sie nur einen Teil der Gebühren begleichen musste. Dies führte allerdings zur Sperrung aller gebührenpflichtigen Nummern für ihren Telefonanschluss.

Constanze hatte davon erfahren und war nicht wenig überrascht, als eines Tages die Frau bei ihr klingelte mit der Bitte, sie möge ihr Telefon benutzen dürfen. Sie hätte eine Millionen Euro gewonnen und müsse diese sofort über eine Nummer abrufen. Constanze wollte auf keinen Fall dieses unseriöse Geschäftsgebaren unterstützen. Sie würde doch von diesen Firmen betrogen, versuchte sie ihr zu erklären.

Sie wolle ihrer alten bedürftigen Nachbarin nicht helfen, warf diese ihr daraufhin vor und zog wütend von dannen.

Einsam in fremden Landen

Der Mann öffnete die Tür und ließ das Paar hinein. In der Wohnung hielten sich bereits weitere Personen auf, die die Räumlichkeiten inspizierten. Inmitten eines jeden Raumes standen große blaue Müllbeutel, die offensichtlich mit den Habseligkeiten des Vormieters gefüllt waren. An der Wohnzimmerwand lehnte ein Herrenrennrad, auf der Küchenanrichte lag ein Brief. Weiterhin fehlte im Schlafzimmer das Bett, obwohl das übrige Mobiliar anscheinend noch nicht ausgeräumt worden war.

In Anbetracht der persönlichen Sachen und des fehlenden Betts, fragte die Frau unverblümt den Vermieter, ob der Vormieter in seiner Wohnung verstorben sei. Der Vermieter bejahte ihre Frage zögerlich.

Bei dem Vormieter handelte es sich um einen iranischen Studenten, der sich in der Wohnung das Leben genommen hatte und vom Vermieter dort aufgefunden worden war. Der Anblick musste sich fest in dessen Gedächtnis eingebrannt haben.

Die Frau überlegte, ob der Brief auf der Anrichte ein Abschiedsbrief war, in dem er die Gründe für seinen endgültigen Schritt niedergeschrieben hatte. Der Brief könnte aber auch von der Familie des Toten aus der Heimat abgeschickt worden sein. Vielleicht hatte deren Nachricht das Gefühl von Ausweglosigkeit beim Empfänger verstärkt.

Letzten Endes hätte sich der Inhalt des Briefs erst nach einer Übersetzung ins Deutsche erschlossen. Da der Brief noch in der Wohnung lag, hatte sich niemand auf die Suche nach dem „warum" begeben. Die einzigen Menschen, die Anteil am Schicksal des Mannes genommen hatten, stellten jedoch aus dem fernen Land über den Tod keine Fragen.

Demnächst würde seine Habe verpackt und entsorgt sein. Was blieb, war eine verblassende Erinnerung an einen Einsamen im fremden Land.

Die Auflösung der Persönlichkeit

Ich werde das Bild der alten energischen Frau im Morgenmantel nicht vergessen. Sie stand vor einer Mülltonne und stampfte mit einem Holzprügel den Inhalt der Tonne nieder. Mimik und Gestik vereinigten sich zu einem expressiven Ganzen. Jeder Muskel ihres korpulenten Körpers schien nur eine Funktion zu haben - der Müllobsession dieser Frau zu dienen.

Acht Jahre lang war ich ihre Mieterin. Acht Jahre nahm ich regen Anteil an der Auflösung ihrer Persönlichkeit. Er begann mit einer zwanghaften Persönlichkeitsstörung und endete in der Demenz.

Wieder einmal betrat ich ihr Wohnzimmer und sah sie im Nachthemd am Fenster stehen. Die Fensterläden waren geschlossen, obwohl es draußen taghell war. Fortwährend wischte sie hektisch über die Fensterscheibe, ihre Augen verweilten unbeweglich auf dem vermeintlichen Schmutz. Über ihre Lippen kam nur noch kurzes Gestammel. Als der Notarzt eintraf, wollte ich mich entfernen.

Da tauchte sie plötzlich aus ihrer Verwirrung auf. Ich müsse mich nun um den Müll kümmern, sagte sie eindringlich.

Nach ihrer Entlassung aus der Psychiatrie erzählte sie mir unter Tränen die ärztliche Diagnose: Demenz.

Ich werde das Bild der alten schläfrigen Frau nicht vergessen. Ein Pflegedienst stellte sicher, dass sie ihre Psychopharmaka regelmäßig einnahm. Fortan dominierte eine bleierne Müdigkeit ihr Leben.

Über kurz oder lang kam sie in ein Pflegeheim. Hier vergaß sie Raum und Zeit - und auch den Müll.

Der Weg ist zu Ende

Agatha lebte schon eine ganze Weile im Seniorenheim. Mit der steigenden Anzahl der Jahre vernachlässigte sie zusehends ihr Äußeres, und auch das Zeitgefühl kam ihr abhanden.

Anfangs sehnte sie sich noch nach einem Wiedersehen mit den Ihrigen, später wurden ihr die Besuche zunehmend egal. Agatha verlor immer mehr den Bezug zur Familie.

An manchen Tagen übermannte sie jedoch eine große Wut. Eine undankbare Tochter hatte sie zur Welt gebracht. Auf wie viele Annehmlichkeiten hatte sie, die früh zur Witwe wurde, für ihr einziges Kind verzichtet, und dann entschied diese eines Tages zusammen mit deren Ehemann: Ab ins Seniorenheim! Es gab eine Zeit, da hatten sie alle unter einem Dach gelebt, auf ein gepflegtes Erscheinungsbild hatte sie doch immer Wert gelegt.

Dann erkrankte ihre Tochter an Krebs. Als die Tochter schließlich den Kampf gegen die Krankheit verlor, blieb sie der Trauerfeier fern. Sie konnte ihr nicht verzeihen.

Die Oma auf dem Sterbebett

Eines Tages erhielt die Familie einen Anruf vom Seniorenheim. Ihre Großmutter läge im Sterben, und bald würde sie die Augen für immer schließen.

Die Oma sollte nicht einsam sterben. Unverzüglich wurden die Koffer gepackt und dabei auch der schwarzen Trauerkleidung gedacht. Wenig später begannen der Vater und die Tochter ihre 500 Kilometer lange Reise ins bayerische Oberland.

Aber die Fahrt stand unter keinem günstigen Stern. Auf der Höhe von Ulm platzte ein Reifen, gerade als die Tochter das Gaspedal auf der linken Spur durchtrat. Sie behielt die Kontrolle über den Wagen, und Dank des väterlichen Geschicks war der Reifen schnell gewechselt.
Die Fahrt ging weiter, allzeit vor Augen die sterbende Oma.

Kurz vor München öffneten sich die Himmelsschleusen, und der Regen prasselte nieder. Diesmal fielen die Scheibenwischer aus. Nur mit höchster Vorsicht brachte der Vater das Auto unbeschadet durch den Münchener Verkehr.

Beide Insassen pressten unterdessen ihre Köpfe dicht an die Windschutzscheibe, damit sie kein Hinweisschild übersahen. Ihnen war klar: Bloß nicht zu spät kommen.

Als sie endlich beim Seniorenheim eintrafen, sprangen beide unverzüglich aus dem Auto und rannten mit großen Schritten zum Zimmer der Oma.

Sie öffneten die Tür und trauten ihren Augen nicht – die Oma saß munter im Bett und fragte überrascht: „Was wollt ihr denn hier?"

VII. Zwischen Himmel und Erde

Dem Leben eine neue Richtung geben

Eines Nachts habe ich einen Traum:
Ich liege in einem gläsernen Sarg, der plötzlich zerspringt.
Ich fühle, wie Leben in meinen Adern zu pulsieren beginnt.
Überrascht stelle ich fest, dass ich kaum verletzt bin.

Der Traum beschäftigt mich.
Die starre Unveränderlichkeit ist ein endloser Tod.
Aber ich kenne sie, sie ist mir vertraut.
Die bewegliche Veränderlichkeit gehört zum endlichen Leben.
Aber ich habe Angst, ich kenne sie nicht.

Mut ist jetzt gefragt.
Die Blessuren werden überschaubar sein.
Wage ich es nicht, bleibe ich starr in meinem Sarg
und beobachte das Leben durch ein gläsernes Fenster.

Im Koma

Auf der Intensivstation liegen Leben und Tod dicht beieinander. Mein Vater war als komatöser Patient dort eingeliefert worden. Nach Meinung der Ärzte hielt ihn nur noch das vegetative Nervensystem am Leben. Meine Beobachtungen ließen jedoch eine andere Schlussfolgerung zu. Wann immer ich den Raum betrat, atmete er schneller. Auch fühlte ich, dass er auf Gespräche der Familienmitglieder am Krankenbett reagierte. Ich war davon überzeugt, dass er nicht einfach dahin vegetierte, sondern seine Umwelt noch wahrnahm.

Auf dieser Station arbeitete eine Krankenschwester mit einer gewinnenden Ausstrahlung. Sie wirkte stark und zugleich empfindsam. Während einer meiner Besuche schilderte sie mir folgende Begebenheit.

Sie betreute ein komatöses Mädchen, dessen Vater tief verzweifelt über den Zustand seiner Tochter war. In Kürze würden sie die lebenserhaltenden Geräte abstellen. Ihr war klar, dass der Vater daran zerbrechen würde.

Immer wieder nahm sie die Hand des Mädchens und sagte liebevoll: „Komm zurück ins Leben und gib mir ein Zeichen mit deinen Händen!“ Sie war soeben dabei, diese Prozedur erneut zu vollziehen, als die Hand des Mädchens zuckte. Die Krankenschwester war sich jetzt sicher, dass das Mädchen zurückkommen würde. Und es dauerte in der Tat nicht mehr lange, bis sie wieder unter den aktiv Lebenden verweilte.

Eine anfänglich traurige Geschichte führte zu einem glücklichen Ende. Mein Vater aber wurde auf die Palliativstation verlegt, um dort zu sterben.

Die Vorahnung

Sie hatte sich mit zwei Frauen für einen Klettersteig verabredet. Eine Nacht würden sie in der zentral gelegenen Berghütte verbringen und am nächsten Morgen aufsteigen.

Ihre Nacht verlief unruhig und im Traum sah sie zwei Wunden auf einer ihrer Wangen. Am nächsten Morgen beschloss sie, unter keinen Umständen den Klettersteig in Angriff zu nehmen, da sie den Traum als Warnung interpretierte. Folglich gingen sie und die beiden anderen Frauen an diesem Tag unterschiedliche Wege – die eine ins moderate Gelände, die anderen in den ausgesetzten Fels.

Am Abend sah sie eine der Frauen auf der Hüttenterrasse wieder: Die Farbe war ihr aus dem Gesicht gewichen, und sie machte einen verstörten Eindruck. Sie hatte erleben müssen, wie im brüchigen Kalk ein Steinschlag ihrer nachsteigenden Begleiterin den Schädel zertrümmerte.

Mein Vater

Wir teilten nicht immer dieselbe Meinung, und manchmal trennte uns eine tiefe Kluft. Trotzdem war ich mir stets einer innigen Verbindung sicher. Du hattest keine leichte Kindheit. Dank deines unbändigen Willens konntest du dein zerrissenes Elternhaus verlassen. Dein Weg führte dich vom Bauernhof im bayerischen Oberland in das Cockpit internationaler Passagiermaschinen.

Du gabst deinen wachen Geist, die Neugierde aufs Leben und deinen Wissensdurst an mich weiter. Dafür bin ich dir dankbar. Als du zehn Tage im Koma lagst, hatten wir Zeit für den stillen Abschied. Ich konnte dir noch all das sagen, was ich zu Lebzeiten eigentlich hätte sagen sollen. Du ließest mich Anteil nehmen an deinem Sterbeprozess. Als sich deine Seele vom Körper trennte, hattest du eine herrliche Vision von der Unendlichkeit. Nunmehr habe ich keine Angst vom Sterben.

Wann immer ich den Kondensstreifen eines Flugzeugs am Himmel sehe, weiß ich, dass du wieder unterwegs bist.

Das Enkelkind ist da!

Als angehender Mediziner finanzierte er sein Studium mit Nachtwachen auf der geriatrischen Abteilung eines Krankenhauses. Eine Patientin hatte es ihm besonders angetan. Sie litt nicht an Demenz, sondern besaß einen klaren, starken Verstand. Ihr Körper war es, der schwächer wurde. Sie hatte ihm schon viele Einzelheiten aus ihrem abwechslungsreichen Leben erzählt. Dabei fehlte die Verbitterung auf die gelebte Zeit, die er oftmals bei gebrechlichen Menschen wahrnahm.

Ihr Sohn sollte bald wieder Vater werden, diese Nachricht brachte sie in freudige Erregung. Sie sehnte sich danach, ihr Enkelkind als neuen Erdenbürger zu begrüßen.

Dann kam endlich der Tag. Ihr Sohn und seine Familie statteten ihr im Krankenhaus einen Besuch ab. Selig nahm sie den Säugling in den Arm.

Am Abend sagte sie mit fester Stimme zu ihrer vertrauten Nachtwache: „Jetzt kann ich gehen. Sie benötigen mein Zimmer für ihr Neugeborenes." In dieser Nacht starb sie.

Auf der Berghütte

Ihr Kurs sollte im hochalpinen Gelände stattfinden. Bereits einen Tag vor den anderen Teilnehmern stieg sie zur Berghütte auf. Es war Anfang Juni, und während des Aufstiegs fing es an kräftig zu schneien. Von der Hütte aus hatte sie einen guten Blick auf das Trainingsgelände im schroffen Fels. Die Nässe würde die ausgesetzten Stellen zu einer gefährlichen Herausforderung machen, ging ihr durch den Kopf. Erst kürzlich waren zwei Männer unweit der Hütte zu Tode gekommen. Beim Gedanken an die kommenden Tage durchlief sie ein Schauer. Abreisen wollte sie jedoch auf keinen Fall.

In der Nacht hatte sie einen Traum. Ihr verstorbener Vater trat auf sie zu und sagte lächelnd: „Alles im Lot." Sie wollte ihn freudig umarmen, doch seinem Körper fehlte die Gegenwart. Bald darauf lösten sich seine Konturen auf.

Am nächsten Morgen sah sie Ihrem Trainingskurs gelassen entgegen.

Die Einfältige

Sie saß auf der Bank vor der barocken Kirche. Ein kindliches Lächeln schmückte ihr Gesicht. „Schöne Frau!", rief sie mir entgegen. Was für schmeichelnde Worte in einem Ort wie diesem, kam mir in den Sinn. Sie erzählte mir von ihrem Vater, den Ordnungshüter jüngst mitgenommen hatten. Eine tiefe Angst umhüllte ihre Gedanken. Die Bank vor der Kirche war ihr Zufluchtsort. Eines Tages hörte ich ihre Schreie in der benachbarten Straße, dann wurde es still, und sie war nicht mehr Teil des Bildes.

Einige Monate später saß sie wieder auf der Bank vor der Kirche. Ihr Gesicht war durch Medikamente entstellt. Sie beschrieb mir inbrünstig die brennenden Kerzen, in deren Bann sie geraten war. Wann immer sie in die Kirche huschte, zündelte sie dort. Natürlich blieb dies den Kirchengängern nicht unbemerkt. Ernste Worte gegen ihr brenzliges Treiben trugen keine Früchte. Dann kamen die Ordnungshüter und nahmen sie mit.

Sie ist nun weggesperrt, dem Delirium ergeben. Doch auf der Bank vor der Kirche sitzt ihre freie Seele und lächelt mir zu.

Die badenden Löwen

Vor ihrem wissenschaftlichen Vortrag auf einer internationalen Bühne hatte sie einen Traum. Sie stand an einem sonnigen Tag am Ufer eines Sees und beobachtete Löwen, die munter ins blau schimmernde Wasser sprangen. Als sie wieder auftauchten, lächelten die stattlichen Tiere sie an.

Es kam der Tag ihres Vortrags. Der Raum war bis auf den letzten Platz gefüllt. In den ersten beiden Reihen saß die akademische Elite. Sie trug ihren Text pointiert und überzeugend vor. Den Abschluss bildete eine ausdrucksvolle Geste, passend zum Thema.

Die Zuhörer stellten engagiert Fragen. Auf die letzte Frage hatte sie jedoch keine sofortige Antwort parat. Es war still im Raum. Zahlreiche Augen waren erwartungsvoll auf sie gerichtet. Ein ohnmächtiges Gefühl übernahm langsam die Oberhand.

Plötzlich erinnerte sie sich an ihren Traum mit den badenden Löwen. Entschlossen sprang sie ins tiefblaue Wasser. Es folgte der Applaus.

Die Katze und der Tote

Die Reinkarnation ist fester Glaubensbestandteil im Hinduismus und Buddhismus. Bis zum Tod meines Onkels, der Katzen liebte, war mir dieses Konzept fremd.

Ich befand mich auf einer Bergtour. In zwei aufeinanderfolgenden Nächten hatte ich jeweils einen Traum mit einer Katze. Im ersten Traum eilte ich einer weißen Katze zu Hilfe. Im zweiten schmiegte sich eine schwarze Katze schnurrend an meine Beine.

Nach meiner Rückkehr aus den Bergen fand ich die Nachricht einer Verwandten vor. Mein Onkel war während meiner Abwesenheit gestorben. Sie erzählte mir später, dass sie in der Nacht seines Todes ein Geräusch an ihrer Schlafzimmertür hörte. Es klang, als ob eine Katze an der Tür kratzte. Verblüfft über unsere vergleichbaren Wahrnehmungen, schilderte ich ihr meine beiden Träume.

Ich halte es darum für möglich, dass sich mein toter Onkel auf diese Art in unserem Bewusstsein manifestierte. Den Beweis dafür bleibe ich allerdings schuldig.

Das gestörte Paradies

Ich stehe hoch oben auf der Grenze zwischen Österreich und Italien und genieße den weiten Blick, der keine Grenze hat. Ich sehe eine Landschaft von berührter Schönheit. Die Spuren der menschlichen Zerstörung hat die Zeit bereits weich gezeichnet. Zuerst standen die Erze im Fokus des Interesses, anschließend die territorialen Machtgelüste.

Ich wandere an ehemaligen Bergwerken vorbei. Der Schutt des abgearbeiteten Gesteins überlagert an vielen Stellen die Natur. Aber als aufmerksame Betrachterin begebe ich mich auch auf eine Zeitreise zurück in den Krieg.

Ruinen der Verteidigungsstellungen, zerschmettertes Felsgestein, Soldatenfriedhöfe entlang des Weges und ab und an sterbliche Überreste der Gefallenen nach der Gletscherschmelze offenbaren sich dem Auge. Der Gebirgskrieg ist noch hundert Jahre später allgegenwärtig.

Petrus, der Fels, einer der nicht nachgibt, ein Standfester, wird zur Todesfalle für vierhunderttausend Soldaten aller kämpfenden

Kriegsparteien. Verscharrt hat man jene christlichen Werte, die es vereinzelt jedoch wieder zum Vorschein drängt, wie halbverweste Körper, die hoch geschleudert werden, wenn schwere Granaten die Gräber öffnen. „*Dulce et decorum est pro patria mori*" – „süß und ehrenvoll ist es für das Vaterland zu sterben" (Horaz, Carmen 3,2 15), glauben die Kriegstreiber aus den sterbenden Kehlen ihrer Soldaten zu hören. Sie verkaufen das dreieinhalbjährige Inferno des im Fels erstarrten Krieges als Katharsis für eine bessere Welt. Ihren Marsch geben die schweren Geschütze vor. Zum Jauchzen der Wanderer gesellt sich so das Stöhnen der Soldaten. Hier Blumenmeer und Glückseligkeit, dort Granattrichter und Hoffnungslosigkeit.

Ich erkenne einen Toten in der Blüte seines Lebens. Die Kugel eines Scharfschützens hat in mitten ins Herz getroffen. Er nimmt mich an der Hand und führt mich in seine gestorbene Wirklichkeit.

Ich sehe Felsennester als Wohnungen, die mit Brettern und Dachpappe notdürftig verschalt sind, Steiganlagen und Schießscharten im Fels sowie weit verzweigte Schützengräben. Soldaten hantieren mit Bohrern und Sprengsätzen, um Kavernen zu schaffen, in denen das ganze Jahr über Schützen hocken werden. Unterdessen fressen sich auf der anderen Seite Handbohrmaschinen und Meißel geräuschlos in den Fels. Der Berg wird unterminiert und später gesprengt. Der Schutt soll dem Feind ein steiniges Grab bereiten.

An einem schmalen Felsband, längs eines schwindelerregenden Abgrunds eng aneinander gekeilt, umklammern krampfhaft Soldaten mit sechzig Kilogramm schweren Rucksäcken ein Drahtseil. Andere Soldaten kämpfen auf kleinen Felsvorsprüngen mit Steinen in den Fäusten oder dem Morgenstern, einer im Mittelalter entwickelten Stachelkeule, da in der frostigen Höhe ihre Pistolen und Karabiner versagen.

Ich höre fürchterliches Trommelfeuer, explodierende Granaten und Wurfminen sowie Maschinengewehrsalven, die den Gegner zermürben. Indes fordern an manchen Frontabschnitten Lawinen, Felsstürze und Unfälle mehr Leben als der feindliche Beschuss.

Ich bin schweren Stürmen und mächtigen Gewittern ausgesetzt, die meine Sinne lähmen. Temperaturen bis minus vierzig Grad lassen das Blut in meinen Adern gefrieren.

Ich sehe leidende Menschen mit Darmkoliken oder Lungenentzündungen, die allerdings hier oben als kleine Übel gelten. Viel schlimmer sind die eiternden, nicht heilenden Wunden und die abgefrorenen Gliedmaßen, die langsam verfaulen. Die Fäulnis verbreitet einen schrecklichen Geruch. Um mich herum nur Schmerzen, Kälte und Hunger. Soldaten trauern um ihre gefallenen Kameraden.

Die feindlichen Stellungen befinden sich in nächster Nachbarschaft. An Feiertagen kommt man sogar zusammen. Aber Fraternisierungsversuche mit dem Gegner, ebenso verzweifelte Menschen aus Fleisch und Blut, werden hart bestraft, die Kampfmoral der Truppe darf nicht ausgehöhlt werden. Hier zeigt sich die Fratze eines industrialisierten Krieges auf einem absurden Schlachtfeld.

Mein Begleiter bringt mich auf eine Passhöhe, dann ist er verschwunden. Ich steige den steilen Berg Richtung Tal nach unten. Zarte Vergissmeinnichte wachsen am Wegesrand. Der Wind bringt die Saite eines unsichtbaren Instruments zum Schwingen, ich höre leise die Soldaten singen. Sie singen zum Überleben, Singen stärkt das Kameradschaftsgefühl und entlastet die Psyche.

Doch plötzlich werden ihre Stimmen immer lauter, bis sie sich zu einem orkanartigen Mahnruf formieren: „Nie wieder Krieg!"

Der magische Ort

In den Isarauen existiert ein Ort mit einer besonderen Ausstrahlung. Er öffnet sich dem Betrachter wie ein Fenster in eine längst vergangene Welt, als man Flüsse noch nicht in ein Korsett zwängte und die Natur unbehelligt ihr sumpfiges Gesicht zeigen konnte. Seggengras, Weiden und Birken ergeben zusammen mit dem Wasser ein erhabenes Ganzes. Ein weiches Licht, das von den Bäumen und Sträuchern eingefangen wird, verstärkt die Anziehungskraft. Dieser Ort stimuliert meine Sinne wie ein lieblicher Duft oder eine zärtliche Melodie.

Ich bin nicht die Einzige, die gefangen ist von diesem Ort. Eine einsame Wanderin übernachtet hier. Als sie sich einmal mit ihrem Gepäck abplagte, bot ich meine Hilfe an. Sie lehnte entschieden ab, so als läge ihr an keinem Kontakt mit meiner Wirklichkeit.

Noch bin ich lediglich Betrachterin dieses Orts. Aber auch ich werde früher oder später dort übernachten und mich seiner Magie mit all meinen Sinnen hingeben.

Der Übergang

Durch die Öffnung eines Vorhangs fällt mein Blick auf ein Universum. Unzählige Sternschnuppen leuchten auf am Firmament und verglühen. Ein unsichtbares Perpetuum mobile steuert ihren endlosen Strom.

Ich beobachte einen Kometen mit seinem langen Schweif. Des Kometen Kern rotiert mit hoher Geschwindigkeit, er aber scheint an seinen Standort fixiert. Der Raum strahlt als trüge er ein erhabenes Festkleid mit funkelnden Steinen. Es herrscht vollständige Harmonie - eine grandiose Inszenierung nach einem kosmischen Plan.

„Etwas derart Schönes habe ich noch nie zuvor gesehen", sage ich bewegt zum Schatten neben mir. Ich fühle Demut und eine besondere Gnade, die mir zuteil wurde.

Dann wache ich auf. Mein Vater war in der Nacht gestorben.

Zeitfracht Medien GmbH
Ferdinand-Jühlke-Straße 7
99095 Erfurt, Deutschland
produktsicherheit@kolibri360.de